HANNA HERBST

FEMINISTIN SAGT MAN NICHT

Brandstätter

INHALT

Weshalb es toll ist, heute Frau zu sein:

Mehr Zeit für das Ausüben von Hobbys aufgrund von Teilzeitbeschäftigung!

(30 % der Frauen in der EU arbeiten in Teilzeit. In Österreich sind es sogar 49,8 %, in Deutschland 46,4 %.)

Keine Verantwortung als Aufsichtsrat oder Geschäftsführerin übernehmen müssen!

(Der Frauenanteil in den Geschäftsführungen der Top 200 Unternehmen in Österreich liegt bei 8,4 %. Bei den Aufsichtsratsmitgliedern sind es 18,5 %, und nur 5 % der großen globalen Unternehmen werden von Frauen geführt)

Ausleben kulinarischer Kreativität!

(Frauen bereiten weltweit 85 bis 90 % aller Mahlzeiten zu)

Selbstbestimmung und keine Kompromisse in Sachen Haushalt und Kindererziehung eingehen müssen!

(Knapp 86 % der Alleinerziehenden in Österreich sind Frauen. In Deutschland sind es 84,1 % (Alleinerzieherinnen mit Kindern ohne Altersbeschränkung) bzw. 87,7 % (Alleinerzieherinnen mit Kindern unter 18 Jahren))

Auch mal das nächtliche Fernsehangebot nutzen können.

(Laut einer US-amerikanischen Studie sorgen Kinder nur für Schlafmangel bei Müttern, nicht bei Vätern.)

Abwechslung durch vielfältige Aufgaben in bezahlter und unbezahlter Arbeit wie das Planen und Besuchen von Events wie Kindergeburtstage oder Elternabende.

(Nur ein Drittel der von Frauen erbrachten Arbeit wird bezahlt)

Gemeinsame Zeit mit Angehörigen!

(Drei Viertel der pflegenden Angehörigen sind Frauen)

Einfach mal eine Auszeit nehmen!

(Nur 19,02 % der Väter gehen in Karenz)

Die Möglichkeit, Namensgeberin einer Straße in der Wiener Seestadt Aspern zu werden.

(Nur 8 % der Straßen in Wien sind nach Frauen benannt. Nun wird darauf geachtet, in neuen Vierteln, Plätzen und Straßen vermehrt Frauennamen zu geben)

Keine Reichensteuer!

(Zwei Drittel der weltweit 1,3 Milliarden Menschen, die in Armut leben, sind Frauen, Frauen machen aber mehr als die Hälfte der Weltbevölkerung aus – besitzen aber nur 1 % des Eigentums)

1

FEMINISTIN SAGT MAN NICHT

Die Welt könnte anders sein, wenn man sie ließe. Bisher war sie von Männern gebaut, von Männern geprägt. Es ist noch nicht lange her, da durften Frauen nicht studieren, nicht wählen, es ist noch weniger lange her, da mussten Frauen ihre Ehemänner fragen, ob sie arbeiten gehen oder ein Konto eröffnen dürfen und sie durften nachts nicht arbeiten. Vergewaltigung in der Ehe wurde nicht als solche gesehen.

Gesetze wurden von Männern verabschiedet, und das werden sie zu einem großen Teil auch heute noch, Wissenschaft wurde und wird von Männern gemacht – Film, Kunst, Werbung, Literatur. Über Männer, ihre Körper, ihre Lust, ihre Krankheiten wurde geforscht; Frauen, ihre Körper, ihre Lust, ihre Krankheiten vernachlässigt. Das Bild, das die Öffentlichkeit von Frauen hatte, wurde – und wird auch heute noch – zu einem großen Teil von Männern geschaffen, bisher dagewesene Gesellschaftsmodelle und Moralvorstellungen von Männern entworfen und geprägt. »Der Mann hat für Mann und Frau das Bild der Frau bestimmt«, schrieb VALIE EXPORT in ihrem Manifest *Women's Art*. Die Frau hat in der Kulturgeschichte zwar Spuren hinterlassen, nur war sie selbst daran kaum aktiv beteiligt. Es ist eine von wenigen für wenige geschaffene Welt und seit mehr als 150 Jahren fordern Frauen nun lautstark eine andere, wollen alles neu, freuen sich über Erfolge und sehen zu, wie sie ihnen

Frauen sind vielleicht die einzige Bevölkerungsgruppe, die mit fortschreitendem Alter radikaler wird.

– Gloria Steinem

zum Teil wieder genommen werden – meistens von Männern, immer öfter auch von Frauen.

Die Errungenschaften engagierter Feministinnen und Feministen der letzten Jahrzehnte sind keineswegs etwas, auf dem wir uns heute ausruhen können. Dass sie durchgesetzt wurden, bedeutet nicht, dass sie auch weiterhin bestehen werden. Die letzten Jahre haben gezeigt, dass man Erfolge zwar feiern, jedoch nie aufhören kann, für ihren Erhalt zu kämpfen. Feminismus als ewige Litanei, ein ewiges Wiederholen gleicher Forderungen, die längst niemand mehr hören kann. Rückschritt verkauft sich dieser Tage besser als Fortschritt. Aus »I have a dream« wurde »Genauso falsch wie die Hetze ist die Träumerei« (Sebastian Kurz). Ja, die Welt könnte anders sein, wenn man sie ließe, und mit dem Ende utopischen Denkens jener, die Machtpositionen besetzen, wohl eher schlechter.

Es ist ermüdend und ein wenig Selbstaufgabe für das größere Ganze: »Ich sehe, wie ich schrumpfe«, schrieb die Sozialwissenschaftlerin Christina Thürmer-Rohr schon Ende der 1980er. »All the women. in me. are tired«, schrieb die Lyrikerin Nayyirah Waheed 30 Jahre später. Feministisches, humanistisches Engagement als Agonie, als langsame Selbstzerstörung. Es ist, als würden wir versuchen, ein heruntergekommenes Haus zu renovieren, weil es sich dort kaum noch leben lässt – und während wir das Dach reparieren, damit es nicht immer reinregnet, schlägt uns jemand alle Fenster ein.

Frauen, die sich für ihre und die Anliegen anderer einsetzen, beuten sich oftmals selbst aus, sie nehmen sich meist nicht nur einer Aufgabe an, sondern vieler – neben einem Leben, das ihnen eigentlich schon alle Energie raubt, die sie haben. Einzelne Frauen in meinem Umfeld haben sich durch ehrenamtliches Engagement in völlige psychische und physische Erschöpfung getrieben. Oder sind getrieben worden. Von Medien, politischen Entscheidungen, von Fremden, von denen, die Feministinnen und Feministen als Feindbild sehen, von denen, die kein Verständnis für eine andere Form des Feminismus haben als die, die sie selbst vertreten.

Widerstand bedarf einer Perspektive und Vorbildern

Wir müssen uns, um voranzukommen, distanzieren, von männlichen Verhaltensmustern (nicht aber von »den Männern«, die es so wenig gibt wie »die Frauen«), der von ihnen geschaffenen (Un-)moral, dem von ihnen idealisierten Verhalten von Frauen wie auch ihrem eigenen. Doch es funktioniert nicht, alles Männliche abzulehnen und abzulegen und schlicht ein vermeintliches Gegenteil zu verfolgen. Die

Ablehnung des bisher Dagewesenen alleine gibt keine Richtung vor – und schon gar kein Ziel. »Widerstand bedarf einer Perspektive, eines Wohin, und er bedarf mehr als eines Individuums«, sagt Frigga Haug. Und Judith Butler: »Der Versuch, den Feind in einer einzigen Gestalt zu identifizieren, ist nur ein Umkehrdiskurs, der unkritisch die Strategie des Unterdrückers nachahmt, statt eine andere Begrifflichkeit bereitzustellen.« Also müssen wir uns ebenso verbünden mit ihnen, auf sie zugehen, sie in die Diskussion einbeziehen, bisher dagewesene illusorische Vorstellungen in Frage stellen und an anderen, neuen, arbeiten.

Weil mehr als 90 Prozent der Alleinerziehenden in Deutschland und Österreich Frauen sind, weil es großteils Frauen sind, die Angehörige pflegen, weil Frauen meist von Männern (sexuelle) Gewalt angetan wird, Transfrauen misshandelt und getötet werden, die Genitalien von Frauen und Mädchen verstümmelt werden, die Genitalien von Menschen verstümmelt werden, denen bei ihrer Geburt nicht eindeutig eines der beiden vorgegebenen Geschlechter zugeordnet werden kann, Mädchen als Kinder gezwungen werden, erwachsene Männer zu heiraten, weil sie zu Sexarbeit gezwungen werden, weil Frauen ab einem gewissen Alter noch weiter aus der Öffentlichkeit, aus Filmen, aus Nachrichtensendungen, der Politik, aus der Musikbranche gedrängt werden.

Weil Forderungen, sobald sie als feministische Forderungen bezeichnet werden, diskreditiert werden. Weil Frauen, die endlich als gleichwertig gesehen werden wollen, zum Schweigen gebracht werden. Weil: Reg dich nicht auf. Wenn du dich benachteiligt fühlst, dann tu etwas dagegen. Aber wehe dir, du tust tatsächlich etwas dagegen. Wehe dir, du sagst was oder bist zu präsent. Wehe dir, du nennst dich Feministin. Dann bist du vogelfrei. Also merke dir: Feministin sagt man nicht.

Weil Frauen und Mädchen zu wenige Vorbilder haben. Weil das Weibliche in der Kulturgeschichte kaum vorhanden war, ihr Schaffen, ihre Ideen kaum Teil sind in der geschriebenen Geschichte des Menschen, weil wir in der Schule von Homer, Aristophanes oder Sophokles lesen, nicht aber von Sappho, Hypatia und Korinna. Weil wir über Konrad Zuse, Nikola Tesla, Robert Koch sprechen, nicht über Hedy Lamarr, Lise Meitner, Eunice Foote, Gertrude Belle Elion, Margaret Hamilton, Maria Telkes, Clatonia Dorticus; über Heinrich Böll und Günter Grass, nicht aber über Doris Lessing oder Herta Müller.

Wenn Frauen kaum weibliche Vorbilder gegeben werden, wie können wir dann glauben, selbst etwas verändern zu können? Wenn Entwicklung scheinbar nur durch Männer passiert, Probleme nur von Männern gelöst,

> Als ich eine junge Frau war, dachte ich, in der Gleichstellungspolitik geht es immer in eine Richtung, es geht mal schneller und mal langsamer, aber immer voran. Das ist nicht der Fall.
>
> – Katarina Barley

Erfindungen, Gesetze, Nachrichten, Geschichte scheinbar nur von Männern gemacht wird, wie sollen Mädchen und Frauen ihren Platz, ihre Fähigkeiten, Talente und Möglichkeiten erkennen?

Ich habe in den vergangenen Jahren gelernt, tolle Menschen nicht zu beneiden, sondern glücklich darüber zu sein, sie auf unserer Seite zu haben. Und angefangen, mir selbst Vorbilder zu suchen.

Die *Omas gegen Rechts*, die zeigen, dass man mit dem Alter nicht verdrossener und unpolitischer wird, sondern vielleicht sogar noch politischer.

Emma Gonzales, die den Amoklauf an ihrer Schule in Florida überlebte, seither unermüdlich für eine Verschärfung der Waffengesetze kämpft, und zeigt, dass man nicht erst in einem bestimmten Alter noch politischer werden kann.

Die Frauen, die die beiden Frauenvolksbegehren ins Leben gerufen haben und all die Frauen und Männer, die monatelang ehrenamtlich dafür gearbeitet haben.

Der etwa 70-jährige Mann, der bei einer Diskussionsrunde über Feminismus im Publikum saß und dessen Hand als erste hochschnellte, als das Publikum angehalten war, Fragen zu stellen. Der dann aufstand, die Faust in die Luft reckte und rief: »Ich frage mich schon sehr lange: Wie kann man nicht nur das Patriarchat zerstören, sondern auch den Kapitalismus!«

Aber niemand hat mich so geprägt wie die Menschen in meinem Umfeld, und oft werde ich gefragt, was denn besonders an ihnen sei. Jede und jeder einzelne von ihnen hat mir etwas mitgegeben, das ich versuche, auch selbst zu leben:

Kira, die immer nur gut von Frauen spricht.

Kat, die Menschen mit unfassbar viel Liebe begegnet.

Gwendolyn und Vanessa, die ich den Großteil meines Lebens kenne, liebe, bewundere – für ihre Klarheit, ihre Intelligenz, ihre Wesen.

Leon, der morgens im Bus fragt, ob alles erlaubt sei, wenn Gott tot ist und bei Kaffee über den Irrsinn spricht, dass Frauen erst die Schule abschließen, studieren und Karriere machen sollen, um dann am Ende ihrer Fruchtbarkeit noch schnell zwei Kinder zu bekommen, um die demographische Entwicklung des Abendlandes zu stabilisieren.

Verena, die in den Jahren, die ich sie nun kenne, immer mutiger wurde, immer selbstbewusster, immer mehr gelernt hat, auf sich und andere zu achten und in ihrer Stärke inspirierend ist.

Johannes und Franz, die es nicht leicht hatten, den Menschen in ihrem Leben zu sagen, dass sie auf Männer stehen, aber den Drang und Mut hatten, es trotzdem zu tun und ihre Familien, die dadurch gelernt haben, dass sie das in keiner Weise zu schlechteren Menschen macht. Meine zwei Brüder, die die größten Herzen haben. Mein Vater, der alles kann und alles weiß, offen ist, annimmt, hilft. Und meine Mutter, die herzlich ist und laut lacht, die für andere sorgt, gezeigt hat, wie man gleichzeitig studieren, arbeiten und als alleinerziehende Mutter von zwei Kindern trotzdem strahlen und den Kindern vermitteln kann: Am stärksten sind wir als Team.

Merkwürdige Wesen mit merkwürdigen Gedanken

»Wir leben mit dem alltäglichen Horror und haben gelernt wegzuschauen«, erklärte einmal der portugiesische Nobelpreisträger José Saramago. Es ist ein schmaler Grat zwischen: »Nichts darf so bleiben, wie es ist« und »Bleibt, wie ihr seid«. Es kann sich nicht alles um uns herum verändern müssen, nur wir uns nicht, wenngleich es schon einer Revolution gleichkäme, würden sich Frauen endlich einmal nicht biegen und beugen. Denn sich die Absolution zu geben, so bleiben zu können, wie man ist, birgt die Gefahr, dass alles so bleibt, wie es ist.

Bücher und Kunst haben mir immer geholfen, Lieder, Fotografien, Filme, Begegnungen, bei und in denen Menschen ehrlich ihr eigenartiges, fehlerhaftes, mutiges, wunderbares Innerstes zeigen. Weil wir vielleicht nicht unbedingt glauben, dass wir schlecht, ungenügend, mangelhaft sind, aber oft, dass

Feminismus heißt nicht, Frauen stärker machen. Frauen sind bereits stark. Es geht darum, zu ändern, wie diese Stärke von der Welt wahrgenommen wird.

– G. D. Anderson

es andere nicht sind. Mir haben immer die geholfen, die Einblick gewähren. Die zeigen, dass auch sie merkwürdige Wesen mit merkwürdigen Gedanken und Angewohnheiten sind. Ich möchte versuchen, für jene, die dieses Buch lesen, einer dieser Menschen zu sein. Und ich möchte versuchen zu zeigen, dass wir weit entfernt sind von einer Welt, in der Menschen unabhängig von ihrem Geschlecht beurteilt werden.

2

DEN EIGENEN PLATZ FINDEN

Manchmal sagt meine Mutter, sie fragt sich, was sie bei mir falsch gemacht hat. Warum ich mich so wenig traue, warum ich viel zu schnell an allem zweifle, warum ich Angst davor habe, vor Menschen zu sprechen.

Sie hat nichts falsch gemacht – vielmehr hat sie mir immer die Rolle einer starken Frau vorgelebt. Aber irgendwann sind Mütter nicht mehr die ganze Welt. Irgendwann übernimmt der Rest.

Als ich acht bin, zieht meine Familie von einem unendlich kleinen Ort in Deutschland nach Österreich. In meinem Tagebuch von damals habe ich den Satzzeichengebrauch einer Wutbürgerin, hunderte Rufzeichen – und ich vermisse meine Freunde, vor allem meine beste Freundin. Mein Bruder ist damals sechs. Kurz nachdem wir umgezogen sind, besucht ein Radioteam seine Klasse. Sie interviewen die Kinder und als sie hören, dass mein Bruder ein so deutsches Deutsch spricht, fragen sie ihn, weshalb er hier in Österreich sei. »Weil mich mein Papa gezwungen hat!« Das glauben mein Bruder und ich damals tatsächlich, heute sind wir froh darüber, umgezogen zu sein. Was er von Österreich halte, fragen sie ihn noch: »Zu viele Österreicher!«

Bis zu diesem Zeitpunkt bin ich ein extrem offenes Kind, liebe Menschen, möchte den Postboten regelmäßig zu uns nachhause einladen oder mit ihm mitfahren, spreche mit jedem, bin

Die Zunge verwelkt, wenn man sie nicht gebraucht.

– Astrid Lindgren

mutig, umarme fremde Schuhverkäuferinnen, traue mir alles zu, springe mit drei vom Drei-Meter-Turm und rette Freundinnen vor dicken schwarzen Spinnen. Nach dem Umzug ist dann alles anders. Alle Kinder in der Klasse sind von hier. Meine Lehrerin kritisiert mich für meine Sprache und entschuldigt sich beschämt bei Studentinnen und Studenten, die uns besuchen, dass ich nicht mehr die alte Schreibschrift erlernt habe. Sie gibt mir schlechtere Noten, weil ich »langweilen« statt »fadisieren« schreibe, Kinder aus meiner Klasse verfolgen mich nach der Schule und zwingen mich, vor ihnen niederzuknien, weil sie mir sonst die Finger brechen würden. Also werde ich still. Ich gehe nicht mehr so auf Menschen zu, traue mich nicht mehr, zu sein wie ich bin. Ich lasse mich verdrängen in der Überzeugung, es verdient zu haben. Ich verliere meine Unbeschwertheit, passe mich an und verhalte mich, wie ich denke, mich verhalten zu müssen. Mein Privileg in dieser Zeit ist, dass ich nicht auffalle, solange ich den Mund nicht aufmache.

Mein Bruder ist der Mensch, der mir damals am stärksten vorlebt, dass ich nicht still und angepasst sein muss, dass ich nicht entsprechen muss, dass ich nicht gefallen muss, dass ich ganz anders sein kann. Er ist jeher ein Mensch, dem es egal ist, was andere denken. Als er zwölf ist, bringt mein Vater von einem turkmenischen Kamelmarkt Hüte aus Ziegenfell mit. Sie stinken erbärmlich und sehen nicht aus wie irgendetwas, das jemals in Österreich von irgendjemandem getragen wurde. Mein Bruder geht damit in die Schule und es ist ihm vollkommen egal, was andere von ihm halten – er findet den Hut super, das ist das einzige, was zählt.

Mit sechs weiß er, dass ein Obdachloser kaum Geld hat, um sich etwas zu essen zu kaufen. Also holt er aus der Küche ein Stück Brot und geht zu einem obdachlosen Mann, der an der Gartenmauer unseres Hauses sitzt. Er hat Angst vor dem Mann, hält es aber trotzdem für wichtig, ihm etwas zu essen zu geben. Zur Sicherheit steckt er das Stück Brot also an das Ende eines Stocks, um es ihm so zu geben. Der Mann nimmt das Brot und geht. Er ist oft in unserer Straße und Jahre später erzählt mir mein Bruder die Lebensgeschichte des Mannes, der sich damals über die Scheibe Brot gefreut hat. Er hatte nie Berührungsängste, auch nicht vor jenen, vor denen die Welt einem einredet, Berührungsängste haben zu müssen. Er nimmt in Kauf, sich zu blamieren, wenn er dabei jemandem helfen kann, er sagt etwas, wenn er Ungerechtigkeit sieht, er stützt, hilft, trägt, verteidigt. Er ist mutig, liebevoll, vorbildhaft.

Mit vierzehn komme ich dann wieder ein wenig zurück. Ich erlebe meinen ersten Kuss, kurz darauf habe ich meinen ersten Freund, bin für eine kurze Zeit schrecklich verliebt.

Wir lernen uns im Internet kennen, telefonieren stundenlang, bevor wir uns das erste Mal treffen. Manchmal schlafen wir abends beide ein mit dem anderen noch am anderen Ende der Leitung. Er erzählt von den unzähligen Freundinnen, die er bereits gehabt habe, sagt, dass meine Brüste ein wenig größer sein könnten. Ich bin nicht böse, stattdessen kaufe ich Push-up-BHs.

Sein Vater ist tot, seine Mutter Alkoholikern. Der Stiefvater schlägt regelmäßig die Kinder, vor allem seine Schwestern. Er ist der Älteste und fühlt sich oft schuldig, weil er nicht weiß, was er tun soll und zwar versucht, die Schwestern zu schützen, es aber oft nicht schafft. Wir sind nie bei ihm, immer draußen, in Cafés, im Kino oder bei mir, weil er nicht möchte, dass ich diesen Menschen begegne.

Nach drei Monaten beende ich die Beziehung und er versteht nicht, weshalb. Ein paar Tage später ruft er an und sagt, er säße im Wald und hätte sich ein Messer in den Bauch gerammt. Ich sei schuld an allem, ich sei schuld, dass er jetzt sterben müsse. Im Telefonbuch suche ich nach der Nummer seiner Mutter, völlig hysterisch rufe ich an und schreie ins Telefon, was für ein schrecklicher Mensch sie sei, dass sie nicht mitbekäme, wie ihr Sohn gerade in einem Wald Selbstmord begehe. Sie versteht die Welt nicht mehr, wusste bis zu meinem Anruf nicht einmal, dass ich existiere, sagt mir, ich solle mich beruhigen. Er sitze in seinem Zimmer, nicht im Wald, und nein, ein Messer habe er ganz bestimmt nicht im Unterleib.

Ein paar Tage später übernimmt meine Mutter, als sie merkt, wie überfordert ich bin. Sie telefoniert mit dem Hausarzt der Familie, die er seit Jahrzehnten behandelt. Nie sei mein Ex-Freund wegen einer Stichverletzung bei ihm gewesen, erklärt er, und meine Mutter fragt weiter. Sein Vater ist nicht tot, er hat keinen Stiefvater, keine Schwestern, die Mutter ist keine Alkoholikerin. Nicht einmal sein zweiter Vorname stimmt.

Kurze Zeit später ist er tatsächlich tot. Ich erfahre es ein paar Tage später im Auto auf dem Weg zu meinen Großeltern. In der Zeitung sind auf zwei Seiten ein Foto von ihm, darunter ein sehr großes vom geborgenen Autowrack. Weil er ohne Führerschein nicht auf der Straße fahren durfte, war er auf einem Fahrradweg neben einem Fluss entlanggefahren. Das Auto rutscht ab, stürzt in den Fluss, die Strömung nimmt ihn mit.

Die ganze Autofahrt bin ich irgendwo zwischen Hysterie und Apathie, höre *Linkin Park* und bin überzeugt, nicht mehr leben zu können. Ich nehme mir vor, nie wieder zu lachen und stelle mir vor, wie seine Leiche von Fischen gefressen wird. Wie die Hand, die ich einmal gekannt habe, vollgesogen ist mit Wasser – wässrig, verschrumpelt und grau. Ich stelle mir vor, wie ich die Hand jetzt halten würde und frage mich, ob das überhaupt noch möglich sei, ob bei Wasserleichen eine Leichenstarre eintritt, ob seine Finger überhaupt noch da sind und wenn ja, ob sie so vollgesogen sind, dass sie nicht mehr zwischen meine Finger passen. Eigentlich möchte ich nicht darüber nachdenken, aber es fühlt sich gut an. Ich will leiden in diesem Moment, ich will, dass es noch mehr wehtut. Jedes Mal, wenn meine Gedanken kurz abdriften, zwinge ich mich, wieder darüber nachzudenken.

Wir haben uns nie ausgesprochen, nie geklärt, weshalb er mir gesagt hat, ich sei schuld an seinem Tod, der schlussendlich ein anderer war. Ich konnte nie den Kontakt abbrechen, nie wütend sein. Jemandem, der gestorben ist, trägt man nichts nach, denke ich, schließe deswegen lange nicht damit ab und richte die Wut gegen mich selbst.

Ich beginne, destruktiv zu werden und rede mir ein, nicht das Recht zu haben, je wieder glücklich zu sein. Ich verletze mich selbst und schreibe Gedichte über das Sterben. Irgendwo sterben in diesem Moment Menschen und ich gehe mit Freundinnen ins Schwimmbad. Dafür bestrafe ich mich abends. Mehrmals schreibe ich Abschiedsbriefe, entschuldige mich darin bei meiner Mutter, und sammle sie in einem Ordner, zusammen mit allen Zeitungsartikeln über den Unfall, Gedichten und Fotos von Verletzungen. Diesen Ordner habe ich bis heute. Er ist schwarz und außen klebt ein Comic mit Figuren, die in den 00er-Jahren die Seele aller geschundenen Jugendseelen beschrieben. Wenn ich mich so richtig für mein altes Ich schämen möchte, schaue ich hinein und ärgere mich, dass ich meine Energie damals nicht konstruktiv genutzt habe. Meine Mutter ist zu diesem Zeitpunkt seit ein paar Jahren alleinerziehend. Nach der Scheidung hat sie ihr Abitur nachgemacht, das sie mit achtzehn nicht abgeschlossen hatte, weil ihr Vater gesagt hatte, als Frau bräuchte sie keines. Sie hängt ein Studium dran, das sie in Mindeststudienzeit absolviert, pendelt zwischen Salzburg und Innsbruck, arbeitet, hat zuhause zwei Teenager, hilft uns in der Schule, geht zu Lehrerinnen und Lehrern, wenn sie es für notwendig halten, stellt uns abends Essen auf den Tisch. Sie ist erschöpft und lässt es mich nicht spüren, weil sie weiß, dass ich sie brauche.

Alleinerziehend zu sein, hat den Vorteil, dass man keine Kompromisse eingehen muss. Alleinerziehend zu sein, hat den Nachteil, niemanden zu haben, mit dem man überhaupt Kompromisse eingehen könnte. Dass niemand da ist, der einmal einen Tag auf die Kinder aufpasst. Niemand, der einmal das Kochen übernimmt, niemand, der einmal mit den Kindern die Hausaufgaben macht, wenn der Tag schon zu lang war. Niemand, der einkaufen geht, bis man zu Hause ist, niemand, der mit einem über die Zukunft nachdenkt, hilft, Entscheidungen zu treffen, sich

Gedanken über Geld zu machen, sagt, dass alles schon irgendwie gut wird. Und trotzdem ist sie da und tut auch, wenn alles schrecklich ist, so, als sei es das nicht.

Meine Mutter hat uns gelehrt, dass immer das Gegenüber zählt, dass man mit jedem wertschätzend umgeht, dass es wunderschön sein kann, Menschen zu sagen, wenn man etwas an ihnen bewundert – auch wenn es Fremde sind –, solange es aufrichtig ist (also sagt sie fremden Frauen manchmal einfach, dass sie sie schön findet oder liebt, was sie machen). Sie hat uns gelehrt, dass man die Wurstverkäuferin im Supermarkt ums Eck fragt, wie sie heißt, und sie dann beim Namen nennt, wenn man sie begrüßt, fragt, wie es ihr geht, sich für sie, ihr Leben, ihre Kinder interessiert. Am Frühstückstisch diskutieren wir in meiner Jugend über Menschenrechte, Vielfalt, Offenheit.

Sie hat uns gelehrt, dass man sein Messer nicht abschleckt, dass es egal ist, wer wen weshalb liebt, dass es manchmal aber nicht auf Gegenseitigkeit beruht, und dass man darüber hinwegkommen kann. Dass Kinder und Eltern eine Einheit sein können, die zusammenhält und -hilft, wenn einer Ärger mit einem Lehrer hat oder eine mit einer Fünf in Mathe nach Hause kommt. Dass selbstgemachte Geschenke auch im Erwachsenenalter noch viel besser sind als gekaufte. Dass Pippi Langstrumpf, Ronja Räubertochter, das Burgfräulein

Von den zirka 8,6 Millionen Österreicherinnen und Österreichern lebten 2017 630.400 in einem Alleinerziehendenhaushalt.

– Österreichisches Institut für Familienforschung

Bö, der kleine Nick, der kleine Tiger und der kleine Bär und vielleicht sogar Räuber Hotzenplotz wunderbare Vorbilder sind. Dass das Geschichtenvorlesen in selbstgebauten Höhlen mehr Spaß macht und dass die Beatles viele Lieder geschrieben haben, die man Kindern zum Einschlafen vorsingen kann. (Mein Bruder und ich dachten lange, Beatles sei ein Verwandtschaftsgrad und jeder hätte Beatles wie eben Tanten und Onkel.) Dass man Kindern zuhören muss, wenn sie von ihren Gefühlen erzählen, auch wenn man denkt, es besser zu wissen, weil sie so viel besser lernen, was gut für sie ist und was nicht. Dass man Kinder machen lassen muss. Im Dreck wühlen, ausprobieren und Sauereien machen. (Einmal sperrten mein Bruder und ich uns tagelang in sein Zimmer und machten in einem Wäschekorb heimlich Pappmaché. Es stank erbärmlich. Als es fertig war, beklebten wir damit alles, was uns einfiel und wir bekleben durften. Einen Haufen warfen wir im Flur herum, bis er irgendwann an der Decke kleben blieb. Meine Mutter fand das super.) Dass, wenn jemand Unterstützung braucht, alles andere hinten angestellt wird – egal, ob es Familienmitglieder sind oder nicht. Dass man Utopien hinterher jagen kann und das manchmal auch tun sollte.

Mein Vater hat es nicht so mit Träumerei und Utopien. Er sieht vieles mit einer Nüchternheit und Klarheit, die guttut. Er weiß, er hilft, er kann, er erklärt die Welt, wenn man sie gerade nicht versteht, er hat jedes Buch gelesen, das ich nicht kenne, und die, die ich kenne, sowieso. Er merkt sich alles und würde jetzt sagen, dass er sich gar nicht mehr alles merkt und sein Gehirn immer schlechter wird, aber es funktioniert besser als alle anderen Gehirne, die ich kenne. Man muss ihm nur ein Stichwort geben: Kuwait, Inge Merkel, Berlin 1968, Bienensterben, Irakkrieg (da würde er fragen: Na ja, welcher? Und ich würde sagen: alle. Und er würde sagen: Na gut, also …) und er kann stundenlang erzählen. Er ist der einzige Mensch, den ich kenne, den ich einfach anrufen kann, während ich mit einem fremden Menschen diskutiere, der zum Beispiel an Chemtrails glaubt und ihn dann fragen kann: »Papa, ich rede mit jemandem über Chemtrails. Kannst du ihm erklären, dass es die nicht gibt?« Der einzige Mensch, den ich kenne, der augenblicklich mit »Gib her!« darauf antwortet und dann minutenlang inbrünstig versucht, dem uns fremden Mann Physik und Kondensstreifen zu erklären.

Er sagt, wenn er etwas nicht gut findet und sagt, wenn er etwas gut findet. Er versteht sehr vieles an anderen Menschen nicht: Weshalb sie auf Facebook oder Twitter sind, weshalb sie Neues kaufen, wo man doch zum Flohmarkt gehen kann, weshalb sie Stress haben. Weshalb Menschen Trends folgen (er hat selbst in den 1970ern in einem weißen Anzug mit

Schlaghose geheiratet, aber würde wohl nie zugeben, dass er damals auch einem Trend gefolgt ist), wo Jeans, Holzfällerhemd und Vollbart doch fast immer gehen und ob er mit diesem Aussehen irgendwann plötzlich unfreiwillig Teil eines Trends geworden ist. Weshalb Menschen schlechtes Bier trinken und schlechtes Essen essen und weshalb viele glauben, gut bedeute, dass es teuer sein muss. Weshalb sie zu McDonald's gehen, All-inclusive-Urlaube machen oder die Vorzüge von Dschallabijas im mittlerweile tropischen österreichischen Sommer nicht verstehen.

Mein Vater hat Speck mehrfach zum Gewürz erklärt, er schickt mir regelmäßig Musik, die ich kennenlernen und Artikel, die ich lesen muss. Wenn ich nach Hause komme, liegt im Flur im oberen Stock oder im Gästezimmer immer ein Stapel Bücher, die er sich auf dem Flohmarkt für höchstens 50 Cent gekauft, in den vergangenen Wochen und Monaten gelesen hat und von denen er überzeugt ist, dass ich sie lieben könnte oder hassen, jedenfalls lesen sollte. Das Erste, was ich tue, ist daran zu riechen und sie nach Postkarten und Widmungen von Großmüttern und Tanten abzusuchen. Meistens riechen sie nach Dachboden, was mein Lieblingsbuchgeruch ist. Ich reise immer mit einer halbleeren Tasche an und mit einer viel zu schweren Tasche ab.

Wenn etwas passiert, das mich aus der Bahn wirft, etwas, das einen großen Teil der Welt aus der Bahn wirft, dann weiß er zwar alles Wichtige darüber, beschäftigt sich aber nicht mit dem Kleinen, sondern liest stattdessen Haikus oder etwas anderes fern von Tagespolitik: »Man kann die Welt nur über Literatur begreifen, nicht über Nachrichten«, hat er einmal gesagt. Sein Sohn aus erster Ehe, mein Halbbruder, ist ihm in vielem davon sehr ähnlich. Ich erinnere mich, wie er als Jugendlicher unermüdlich mit uns spielte und darauf achtete, dass es uns gut ging – meinem Bruder und mir. Ich habe ihn immer als sanften, ruhigen Menschen wahrgenommen (Anekdoten besagen, dass er das nicht immer war), der nie so etwas wie ein Halbbruder war, sondern immer ein ganzer, der besser Karten spielen kann als jeder andere auf der Welt, witzig ist und hilfsbereit, und der es oft nicht einfach hatte, was ihn nie zu einem wütenden oder verbitterten Menschen gemacht hat, sondern vielleicht noch ein wenig einfühlsamer.

Eigentlich hat mir meine Familie vorgelebt, wie ein selbstloser, mutiger, kämpferischer Mensch aussieht. Wie man gut zu anderen ist, interessiert, den Gegenüber respektiert, egal, wer es ist, und wenn es ein Arschloch ist, sich auch traut, dagegenzuhalten. Wie gut es tun kann, wenn einem ab und an vollkommen egal ist, was andere denken.

Aber wie gesagt: Irgendwann übernimmt der Rest.

Wir erziehen unsere Mädchen zur Scham: Schließ deine Beine, verhülle dich; wir vermitteln ihnen das Gefühl als hätten sie allein dadurch, weiblich geboren zu sein, bereits Schuld auf sich geladen.

– Chimamanda Ngozi Adichie

Vorwegnahme des männlichen Urteils

Die Bestätigung, die ich als Jugendliche brauche, um meine Existenz zu rechtfertigen, hole ich mir durch das Urteil von Männern, die zu dem Zeitpunkt noch gar keine sind. Ich versuche, dem zu entsprechen, was ich glaube, das andere von mir erwarten, möchte angepasst sein und akzeptiert werden. Nur wenn jemand in mich verliebt ist, glaube ich, eine Daseinsberechtigung zu haben. Nur so fühle ich mich, als sei ich etwas wert. Als wäre es das, wofür ich gemacht wurde, als wäre es das im Leben, was ich anstreben und erfüllen müsse. Wenn jemand etwas an mir kritisiert, merke ich es mir, manchmal ändere ich es sofort, manchmal schreibe ich es auf. Ich widerspreche ihnen nicht, wenn sie sagen, ich solle besser die Farbe anziehen, den Sport machen, meine Sprache ändern, meine Haare, mein Verhalten. Dem einen bin ich zu laut, der andere findet mich zu schüchtern. Es geht gar nicht darum, ob mir derjenige gefällt, ob das Urteil von jemandem kommt, den ich selbst toll finde. Es geht nicht darum, was ich will oder was mir gefällt. Es geht darum, dass ich zufriedenstelle und gefalle.

Wir versuchen oftmals, das männliche Urteil stets vorwegzunehmen und einem Negativurteil zu entkommen, indem wir es uns selbst gegenüber bereits aussprechen, um dann alles zu versuchen, dem entgegenzuwirken. Also scrollen wir wie besessen durch Fitnessblogs und Instagram, lesen Magazine, die uns sagen, dass Cellulite eine Schande ist, geißeln uns selbst und suchen nach Möglichkeiten der Optimierung.

Weil uns seit jeher eingeredet wird, dass es genau das ist, wodurch wir uns zu definieren haben: durch den Blick und die Anerkennung des Mannes. Das Ziel ist dann erreicht, wenn er mich trotz aller Makel liebt und es ist meine Aufgabe, diese Makel auf ein Minimum zu reduzieren, damit ich überhaupt liebenswert bin.

Wenn ich glaube, mit jemandem befreundet zu sein und ihn nicht verlieren möchte, er aber flirten und ausgehen möchte, dann lasse ich es manchmal über mich ergehen und spiele mit. Weil ich nicht möchte, dass er gekränkt ist oder böse wird, weil ich oft genug erlebt habe, wie dieses »gekränkt« und »böse« aussehen kann. Währenddessen geht es mir nicht gut, aber mir ist das eigene Unwohlsein ziemlich gleichgültig. Das der anderen nicht. Danach hasse ich mich, weil ich nichts gesagt habe und ihn, weil er nichts gemerkt hat. Bis ich überhaupt erkenne und wahrnehme, wie fürchterlich dieses Verhalten ist, vergehen Jahre. Und obwohl ich das Muster erkannt habe, fühle ich mich nicht gut, wenn mir jemand etwa einen Freundschaftsdienst erweist und dann etwas erwartet, das über Freundschaft

Heißt Feminismus, dass man eine Raum einnehmende, unangenehme Person ist und herumbrüllt, oder, dass man der Meinung ist, Frauen wären menschliche Wesen?
Für mich ist es Zweiteres, also bin ich dabei.

– Margaret Atwood

hinausgeht und ich es ihm verwehre. Es fühlt sich an, als würde ich ihm etwas schulden.

Bis heute sind es meist Männer, die mich dazu bringen, meinen Platz in dieser Welt zu hinterfragen oder ganz aufzugeben und ihnen zu überlassen. Weil mein Chef, als ich siebzehn bin, ungefragt sagt, dass ich besser aussehen würde, wenn ich ein paar Kilo weniger hätte. Weil derselbe Mann sagt, ich müsse am kommenden Tag ein Dirndl anziehen, weil mir das bestimmt stehe und weil er am nächsten Tag dann seine Meinung revidiert und sagt, schon schön, aber bisschen mehr könnte der Ausschnitt schon gefüllt sein und ich nur lächle und nichts sage.

Weil mich jemand berührt, obwohl ich es nicht möchte. Weil Komplimente oder ein Starren oft dafür sorgen, dass man unsichtbar sein möchte, weil ein Kompliment oft keines ist und man sich oft nicht traut, etwas darauf zu sagen, weil man sich vor Konsequenzen fürchtet. Weil es zu viele gibt, die denken, dass eine Frau Ausschnitt trägt, damit sie reinsehen können, dass eine Frau einen kurzen Rock trägt, damit ihr hinterher gepfiffen oder an den Hintern gefasst wird. Als würde man nur sein, um beurteilt zu werden.

Weil ein Fremder im Internet schreibt, er habe mich gerade gesehen und hoffe, dass ich mich verfolgt fühle, dass ich dumm sei, gehängt werden sollte. Weil jemand über mich schreibt, er halte mich für überbewertet, obwohl ich mir selbst nie diesen Wert zugeschrieben habe. Weil jemand sagt, dass er nicht mag, was ich anhabe oder er mich im Profil extrem hässlich findet. Weil uns als Mädchen beigebracht wurde, dass Jungs gemein zu uns sind, wenn sie insgeheim in uns verliebt sind. Also lächle und sei lieb, er meint es ja nicht so.

Diese Art destruktiven Verhaltens, das viele Frauen, obwohl es uns oft bewusst ist, an den Tag legen – uns selbst wie anderen Frauen gegenüber –, ist Resultat einer Gesellschaft, die Frauen nicht respektiert, nicht würdigt, nicht wertschätzt. Solange wir in einer Welt wie dieser leben, reden uns nicht nur andere klein, sondern wir uns auch selbst, stehen vor Spiegeln und finden, wir seien zu dick oder zu hässlich, der Bauch okay, aber die Oberschenkel nicht oder die Oberschenkel okay, dafür der Bauch nicht. Wir wurden betrogen, weil wir zu alt oder zu dick oder zu langweilig geworden oder nie spannend genug im Bett gewesen sind. Wir sehen uns mit dem Blick anderer an, mit dem Blick, den wir ihnen unterstellen und der sagt: So wie du bist, genügst du nicht. All das raubt unendlich viel Energie, die an anderer Stelle fehlt. Oder wie Laurie Penny es formuliert: »If we waste energy hating ourselves, nothing's ever going to change.«

In Österreich sind 65 der 183 Abgeordneten zum Nationalrat Frauen (ca. 35,5 %). Im Deutschen Bundestag sind 219 von 709 Abgeordneten Frauen (ca. 31 %). Im Schweizer Nationalrat sind 66 von 200 Abgeordneten Frauen (33 %).

– Quellen: Gender Index 2017, Webseiten des Deutschen Bundestags und des Schweizer Parlaments

Das erkenne ich irgendwann. Wenn ich überzeugt bin, dass es besser sein könnte, dann halte ich es für fahrlässig, nicht den Mund aufzumachen. Es fällt mir immer leichter, die lähmende Angst, die mich immer wieder daran gehindert hat, zu ignorieren.

Also fange ich an, vor einem Referat an der Uni nicht mehr Verwandte in Krankenhäuser zu lügen, damit ich es nicht halten muss. Nehme es hin, ab und zu die Quotenfrau zu sein, damit andere Frauen sehen: Wenn sie das kann, dann kann ich es vielleicht auch und es so irgendwann keine Quotenfrauen mehr geben muss. Spreche vor Menschen, weil ich weiß, dass die, die meistens sprechen, es nicht zu unseren Gunsten tun, nicht mit guten Absichten, nicht für Minderheiten, nicht für Menschen, die Diskriminierung erfahren haben. Erzähle unangenehme Dinge, damit andere sehen, dass es vielleicht gar nicht so schlimm ist, ein merkwürdiger Mensch zu sein, nicht schlimm ist, dass man sich schon oft so richtig blamiert hat, dass es beschissen sein kann, mit Epilepsie diagnostiziert zu werden, aber dass es viel weniger beschissen ist, wenn man darüber spricht. Ich merke, dass sich nicht nur die anderen ändern müssen, sondern auch ich mich.

Auf dass es irgendwann einmal selbstverständlich sein wird, dass es in Podiumsdiskussionen, die nur von Frauen besetzt sind, nicht immer um »Frauenthemen« geht. (Die Wirtschaftsjournalistin Gillian Tett schrieb 2014 in der *Financial Times* über eine Diskussionsrunde, die sie auf einer Banken-Konferenz moderiert hatte. Zufälligerweise bestand sie nur aus Frauen. Koryphäen der Finanzwelt nannte Tett sie – alle höchst qualifiziert, an der Runde teilzunehmen. Die erste Frage, die anschließend aus dem stark männerdominierten Publikum kam: weshalb auf der Bühne denn nur Frauen sitzen würden.)

Denn oft ist es nicht so, dass Frauen nicht für Diskussionen angefragt würden. Während Männer oft nicht einmal warten, bis man ihnen gesagt hat, um welches Thema es geht, sondern einfach zusagen und erst danach fragen, was überhaupt das Thema sei, sagen Frauen oft ab oder empfehlen einen (manchmal weniger qualifizierten) Kollegen, schrieb die Journalistin Ingrid Thurnher einmal. Manchmal muss man versuchen, lähmende Angst zu überwinden. Denn ergeben wir uns ihr, überlassen wir alles wieder denen, die auch bisher bestimmt haben, wie die Gegenwart aussieht und die Zukunft aussehen wird. Und dass sie so aussehen soll wie die Vergangenheit.

Die Suffragette Margaret Wynne Nevinson beschrieb das Gefühl, das sie vor ihrem ersten öffentlichen Auftritt überkam als »dizzy sickness of terror«. Fast sei sie zusammengebrochen vor Lampenfieber. Dann hörte sie eine Stimme flüstern: »Go it, old gal, you're doing fine, give it 'em.«

3

Das Patriarchat, das sind wir

Im Hawaiianischen gibt es den Begriff »Pana Po'o«. Er beschreibt den Vorgang des Sich-am-Kopf-Kratzens, wenn man etwas vergessen hat.

Die Yagan aus Feuerland haben in ihrer Sprache ein Wort, das den Blickwechsel zwischen zwei Menschen beschreibt, die darauf warten, dass der jeweils andere endlich aktiv wird – »Mamihlapinatapai«.

Die Inuit verwenden den Begriff »Iktsuarpok«, der das ungeduldige auf jemanden Warten beschreibt, das einen veranlasst, immer wieder vor die Türe zu gehen oder aus dem Fenster zu blicken, um zu sehen, ob die Person nun schon endlich kommt. Im Deutschen sind es Schadenfreude, Vorfreude, Fremdscham, Weltschmerz, die für uns ganz klare und alltägliche Gefühle ausdrücken. Für Menschen, die Sprachen sprechen, in denen diese Bezeichnungen nicht existieren, existieren diese Gefühle trotzdem, nur ohne einen Begriff bleiben sie oft unbemerkt.

Wenn wir die Vormachtstellung des Mannes meinen, dann kratzen wir uns am Kopf und sagen »Patriarchat«, und das Problem mit dem Patriarchat beginnt bereits beim Begriff selbst: Denn eigentlich ist es ein leerer Begriff wie Moderne oder Postmoderne, Globalisierung oder Liebe, mit dem kaum jemand wirklich etwas anfangen kann. Derartige Begriffe sind viel zu groß, um wissen zu können, was sie konkret bezeichnen und nur sehr schwer zu definieren. Es sind vielsagende Begriffe, die so viel zu umfassen versuchen, dass sie eigentlich gar nichts umfassen und so im Endeffekt nichts wert sind. Wir verwenden sie trotzdem, wir definieren und bezeichnen trotzdem, weil Begrifflichkeit etwas Abstraktes erklärbar und konkret erscheinen lässt.

Die Abstraktheit des Begriffs ändert nichts an der tatsächlichen Vormachtstellung des Mannes. Das Patriarchat existiert, seine Ausprägungen und Folgen ebenso. Es sah vor siebzig Jahren teils anders aus. Aber auch Telefone waren vor siebzig Jahren andere. Im Gegensatz zum Telefon ist »das Patriarchat« aber ein nicht greifbares Phantom. Und es zu bekämpfen kaum möglich. Vielmehr müssen wir, wenn wir denn den Ist-Zustand als solchen nicht hinnehmen möchten, einzelne, ganz konkrete Ursachen und Symptome erkennen und uns die vornehmen, die wir zu bekämpfen in der Lage sind.

Und auf der Suche nach Ursachen, die für den Erhalt des Systems verantwortlich sind, landen wir ohne lange Suche meist beim Mann. Reduzieren wir Männer und Frauen aber ausschließlich auf ihr Geschlecht und verknüpfen mit dem einen Täterschaft und dem anderen Opferrolle, dann leben wir in einem schwarz-weißen, binären System, in dem die eigene Identität dadurch definiert wird, dass man nicht so ist, wie die anderen knapp 50 Prozent. Es geschieht dann etwas verführerisch Einfaches: Wir suchen

Das Patriarchat sind nicht die Männer. Das Patriarchat ist ein System, das von Männern und Frauen getragen wird. Es ist subtil, heimtückisch und am gefährlichsten, wenn Frauen ihre Beteiligung daran leugnen.

– Ashley Judd

und finden unsere eigene Definition über einen vermeintlichen Gegner.

Wir gegen die anderen

Ein Leben in Eigen- und Fremdgruppen ist menschlich und notwendig. Auch Simone de Beauvoir bedient sich dieser Definition, wenn sie Männer als gesellschaftliche Norm und Frauen als das andere, das zweite Geschlecht beschreibt. Gefährlich wird es dann, wenn das, was die Eigengruppe zusammenhält – oder zusammenhalten soll – Antipathie gegenüber Gruppen ist, von denen man sich, bewusst oder unbewusst, versucht, durch gelehrte und angelernte Muster abzugrenzen. Hass auf Minderheiten etwa, Hass auf »die Ausländer«, »die Feministinnen«, aber auch Hass auf »den weißen heterosexuellen Mann«. Oft werden dabei sowohl die eigene als auch die andere Gruppe vereinfacht, zu simpel gefasst und fälschlich homogenisiert: »Wir« gegen »die anderen.« Studien belegen aber, dass es für ein Zugehörigkeitsgefühl innerhalb einer Gruppe keiner Ablehnung gegenüber einer anderen Gruppe bedarf.

Zugehörigkeit und Eigendefinition sollten weniger absolut, weniger durch unveränderliche Größen definiert sein: in Europa geboren, nicht in Europa geboren. Heterosexuell, nicht heterosexuell. Frau, Mann. Wichtiger sind Definitionen, die aus sich herauswachsen, Definitionen, die nicht gegeben sind. Bei denen niemandem automatisch eine Erbschuld, Eigenschaft, ein erwartetes Verhalten oder Aussehen zugeschrieben wird: Zugehörigkeit durch politische Ziele und Einstellungen etwa.

Eine mir bekannte Person, die sich einst stolz als lesbische Feministin bezeichnete und sich in dementsprechenden Kreisen bewegte, wurde mit Anfang zwanzig von ebendiesen verstoßen, als sie ihnen sagte, sie sei nicht-binär – fühle sich also weder dem männlichen noch dem weiblichen Geschlecht zugehörig. Sie sei ganz klar eine Frau, so wurde erklärt, und sie ist unter dem Druck des Patriarchats eingeknickt. Nicht-binär zu sein sei schließlich näher am Mann als eine Frau zu sein, und sich als nicht-binär zu bezeichnen, nähere sich an das Männliche an, als das es sich ja viel leichter leben lasse. Die, die eine binäre Einordnung ablehnten und bekämpften, gingen ebenfalls der gängigen Auffassung auf den Leim, dass ein Dazwischen und Außerhalb nicht möglich ist.

Betroffene und Vagabundinnen

Doch manches lässt sich dann doch verallgemeinern: Frauen sind meist Betroffene: von Gewalt, von Ausbeutung, von Unterdrückung. Und ja, quasi alles Übel der Welt ging von Männern aus. Weltkriege und die dazugehörigen Kriegsverbrechen – selbst im Rahmen von Friedensmissionen zeigt sich oft ein Anstieg von Prostitution, Frauenhandel und Vergewaltigungen –, 95 Prozent aller Morde weltweit, Kolonialisierung und Versklavung, Terroranschläge, das Führen fundamentalistisch-religiöser Kulte und faschistischer Regime, Gewalt innerhalb der eigenen vier Wände, die Verseuchung des Bikini-Atolls durch Kernwaffentests, Andreas Gabalier. Tickets für Andreas Gabalier haben sich dann aber auch Frauen gekauft (und werfen fleißig BHs auf die Bühne). Fundamentalistisch-religiösen Kulten gehören dann aber auch Frauen an. Auf den starken Mann, kämpfe er für einen islamischen Staat oder die Endlösung, warten zu Hause Frauen. Für den Erhalt des Systems sind eben nicht nur Männer verantwortlich. Das Patriarchat, das sind nicht nur Männer, das sind wir alle.

In ihrem Buch *Vagabundinnen* aus dem Jahr 1987 erklärt es Christina Thürmer-Rohr so perfekt, dass andere Formulierungen überflüssig wären: Männer konnten sich »ihren Ritt ins Desaster, ihre moralische Pleite und Verrottung leisten. Frauen hielten die Fiktion aufrecht, dass alles seinen Sinn hat.« Frauen haben Männer freigespielt und ihnen die Umstände geschaffen, die sie benötigten: Zu jemandem nach Hause kommen, die Essen vorbereitet hat, das Haus in Stand gehalten und den

Man kommt nicht als Frau zur Welt, man wird dazu gemacht.

– Simone de Beauvoir

Nachwuchs versorgt. Unsichtbar hinter den eigenen vier Wänden versteckt.

»Frauen helfen siegen.« nannte die Reichsfrauenführerin Gertrud Scholtz-Klink ihr 1941 erschienenes Propagandabuch über die wichtige Rolle der Frauen (»unserer Frauen und Mütter«) im Nationalsozialismus. Und Friedrich Nietzsche schrieb: »Der Mann soll zum Kriege erzogen werden und das Weib zur Erholung des Kriegers; alles andere ist Torheit.«

Ein Fehler in der Erinnerung, vielleicht auch ein bewusstes Verschweigen, dass Frauen und ihre Verantwortung für die Gesellschaft aus der Geschichte oft gestrichen wurden und die Betrachtung des Mitwirkens von Frauen, im Guten wie im Schlechten, vernachlässigt. Sie waren in der Geschichtsschreibung stets höchstens die Beschriebenen – scheinbar nie selbst für ihr Schicksal verantwortlich und schon gar nicht für das des Mannes. Das Bild, das die Öffentlichkeit von Frauen hatte, wurde – und wird auch heute noch – zu einem großen Teil von Männern geschaffen, bisher dagewesene Gesellschaftsmodelle und Moralvorstellungen von Männern entworfen und geprägt. Erst langsam wird die Rolle von Frauen in der aktiven Geschichtsschreibung aufgearbeitet.

Warum ist es so wichtig zu betonen, dass Frauen nicht freizusprechen sind? Frauen ausschließlich als Betroffene zu sehen, ausschließlich als ausgeliefert und passiv, würde konträr zur Ansicht stehen, Frauen könnten etwas verändern. Ein Widerspruch in sich: Passive, die etwas ändern können? Wenngleich Frauen meist passiv beteiligt waren, abhängig von Verhalten der Männer, getrieben in eine Position, in der sie nur reaktiv handeln konnten. Sie stützten, nahmen hin, ertrugen.

»Male der Unterdrückung« und die Verantwortung der Unterdrückten

»Die Unterdrückten tragen die Male ihrer Unterdrückung« schrieb die Psychologin, Soziologin und Philosophin Frigga Haug schon vor 30 Jahren – die Male haben sich gewandelt, einige sind verschwunden, viele nicht. Denn bereits Jahrzehnte vor Frigga Haug schrieb Simone de Beauvoir von der Problematik ökonomischer Abhängigkeit vieler Frauen von ihrem Ehemann. Von der an die männliche Libido gefesselte weiblichen Sexualität, von der stark männlich geprägten Gesetzgebung. Und die Ausprägungen dessen zeigen sich bis heute in unseren Köpfen, aber genauso noch immer in Gesetzestexten, weil in unseren Regierungen und Parlamenten großteils Männer sitzen, auf Podiumsdiskussionen, weil Frauen ihre männlichen Kollegen empfehlen, anstatt selbst zu diskutieren, auf unseren Konten, weil viele im Alter kaum überleben können, weil sie jahrzehntelang Sorgearbeit geleistet haben und eine Pension bekommen, die ein Leben um des Lebens willen und nicht der Arbeit willen kaum zulässt.

Und Frauen tragen nicht nur die Male der Unterdrückung, sie werden auch selbst dafür verantwortlich gemacht. Dass Frauen nicht in Führungspositionen zu finden sind, wird oft mit dem Unvermögen oder den Unwillen der einzelnen Frauen erklärt. Sie sind dafür verantwortlich, von Altersarmut betroffen zu sein, schließlich haben sie sich dazu entschieden, zu Hause bei den Kindern zu bleiben oder in Teilzeit zu arbeiten. Wenn ihnen (sexuelle) Gewalt angetan wird, dann haben sie es vermutlich selbst provoziert. Wenn sie weniger verdienen als ihr männlicher Kollege, dann haben sie eben einfach nicht gut genug verhandelt. Wir Frauen sind nicht davon freizusprechen, dieses System mit aufrechtzuerhalten. Wir wiederholen das, was wir gezeigt bekommen haben. Wir leben, was uns vorgelebt wurde und halten so den Organismus am Leben.

Eine Möglichkeit für Veränderung, eine Möglichkeit aufzusteigen, kam für Frauen oft erst dann, wenn Firmen, Parteien, Regierungen von Männern an die Wand gefahren worden waren. Frauen haben im bestehenden System gearbeitet und die Verantwortung oft erst dann bekommen, wenn alles vorerst am Ende war. Wenn Männer im Krieg waren oder der Krieg verloren hatten. Wenn Skandale oder verlorene Wahlen das Überleben von Parteien in Frage stellten.

»Glass Cliff Theory« heißt die dazugehörige Theorie. Laut ihr ist es in Zeiten von Krisen wahrscheinlicher, dass Frauen in Führungspositionen kommen. Teresa May zum Beispiel. Als David Cameron sich mit dem Brexit-Referendum nicht nur sich selbst ins Knie geschossen hatte, übernahm May die Partei und wichtiger: Die Verhandlung über den Ausstieg Großbritanniens aus der EU. Angela Merkel, die 2000 erst dann an die Spitze der CDU kam, als unter den Männern Krieg herrschte und das Image von Wolfgang Schäuble unter dem Spendenskandal Ende der 1990er ziemlich gelitten hatte. Erst da waren die deutschen Konservativen bereit für eine Frau an der Spitze – noch dazu eine aus dem Osten. Nach dem beispiellosen Finanzskandal im Wiener Burgtheater wurde Intendant Matthias Hartmann 2014 fristlos entlassen, die erste weibliche Intendantin in der Geschichte des größten deutschsprachigen Sprechtheaters übernahm einen Scherbenhaufen

»Trümmerfrauen des Patriarchats« nennt es Christina Thürmer-Rohr, wenn wir ein Ende des Patriarchats herbeisehnen, dann muss uns bewusst sein, dass wir einen Scherbenhaufen übernehmen würden. »Die Entmachtung des weißen Mannes könnte irgendwann sogar in seinem eigenen Interesse liegen«, schreibt sie in *Vagabundinnen*, »wenn er nämlich selbst die Lust verliert ... den eigenen tödlichen Müll wegschaffen zu sollen.« Ein untergehendes Patriarchat ist vielleicht sogar gefährlicher als das Patriarchat selbst. Die Schweizer Geschlechterforscherin Franziska Schutzbach vergleicht es mit einem angeschossenen Tier, das in seinem Todeskampf erst recht gefährlich wird.

»You will not replace us«, rief der rechtsextreme Mob in Charlottesville 2017 vermeintlich stark, aber eigentlich angsterfüllt, als er mit Fackeln durch die Straßen marschierte. Der rechtsterroristische norwegische Attentäter Anders Behring Breivik, der sechs Jahre zuvor 77 Menschen tötete, erklärte in seinem 1500 Seiten langen Manifest, er wolle seinen »Beitrag dazu leisten, dieser kranken Gesellschaft ein Ende zu setzen«. Er sagte ein drohendes Matriarchat voraus, das beabsichtige, dem christlichen, europäischen, heterosexuellen Mann seinen immanenten Wert abzusprechen. Die Forderung nach Gleichstellung sei unnatürlich und das Schicksal der europäischen Zivilisation hänge davon ab, dass europäische Männer Widerstand leisten gegen politisch korrekten Feminismus.

Der Überlebenskampf des Patriarchats

Vielleicht sehen diese Männer ihren Status zurecht bedroht. Vielleicht sehen wir ja gerade, mit mehr und mehr Frauen, die hohe Positionen übernehmen, mit dem Hinterfragen von Konsensmoral, dem Sichtbarmachen, Hinterfragen, Abwenden von Gewalt- und Machtstrukturen, dem Überlebenskampf des Patriarchats zu.

Denn das System ist kein menschenwürdiges. Es verkauft sich trotz des »Ausrangierens von Millionen Menschen immer besser, indem es den einen die Vorteile seiner Paradoxien verschafft, und die anderen, in den sozialen Tod vertrieben, vergessen macht«, schreibt der Psychiater Volkmar Sigusch. Während für das Überleben der einen alles getan wird, nimmt gleichzeitig »die Sterblichkeit zu, indem Menschen schon im Moment der konkreten Anfänglichkeit gesellschaftlich real tot gestellt sind, gewissermaßen ins sogenannte Leben hineingestorben werden.« Während die einen ihre Haustiere klonen, verrecken die Nutztiere derer, die sie zum Überleben benötigen. Während sich die einen einfrieren lassen, um ein zweites, vielleicht sogar unendliches Leben führen zu können, trinken sich andere zu Tode, weil sie das eine, das sie haben, nicht nüchtern ertragen. Es ist eine Welt, in der die Schnittblume des einen Zeit ihres Lebens mehr Wasser verbraucht hat als das Kind des anderen.

Diese Gesellschaft richtet sich nicht nach den Bedürfnissen der Menschen, auch nicht nach den Bedürfnissen »der Männer«, die es als solche Einheit ja sowieso nicht gibt, nicht geben kann.

Sie ist ausgerichtet auf die Bedürfnisse weniger, die Bedürfnisse eines ökonomischen und politischen Systems. »Dieses gesellschaftliche System produziert ja nicht, um die Bedürfnisse zu befriedigen, sondern um mit den Bedürfnissen Profit zu machen«, sagt Frigga Haug.

Wir nehmen uns mehr und mehr aus der Welt und schaffen unser eigenes Ökosystem – beherrschen die Natur, müssen keine Bären fürchten, leugnen sogar den Klimawandel und schaffen dafür eigene Bedrohungen, erfinden Atombomben und Maschinengewehre. »Mittlerweile haben die zivilisierten Gesellschaften des weißen Mannes es geschafft, die Lebensbedingungen auf der Erde so weitgehend zu verderben, daß es zu einer absolut verrückten Herausforderung geworden ist, überhaupt leben zu wollen«, schrieb Christina Thürmer-Rohr angesichts des ständigen Drohens atomarer Vernichtung in den 1980er-Jahren.

Wenn dieses System langsam taumelt, dieses hauptsächlich von Männern entworfene und getragene Modell langsam fällt, müssen wir aufpassen, dass es uns in seinem Todeskampf nicht mit in den Abgrund reißt – es ist nicht gesagt, dass ein Wandel ein Wandel zum Guten ist. Wir befinden uns in einer Zwischenwelt, das System kippt, einen Neuentwurf gibt es nicht. Wie Sloterdijk sagt:

»Wir suchen nicht nach Stillstand, sondern nach einer sinnvollen Kanalisation der Flüsse. Unsere Situation ähnelt jener Alt-Ägyptens in einem Intervall zwischen zwei Dynastien: Ein älteres pharaonisches Regime ist zerfallen, ein neues hat sich noch nicht etabliert, der Nil macht unterdessen, was er will, er überschwemmt die Landstriche, die Dörfer, die Tempel. Die Sitten verwildern, die Gerechtigkeit ist obdachlos. Der neue Pharao, der die Kunst besäße, Ströme zu lenken, muss erst geboren werden. Kurzum, uns fehlt eine neoägyptische Kanalisationskunde – in heutiger Sprache eine Global Governance, und solange wir die nicht haben, werden wir von verwilderten psychopolitischen Energien geflutet, mit ungewissem Ausgang.«

Der Wahrheit letzter Schluss

Unterdessen spielen Frauen mit. Nur ist das Problem der ungleichen Machtverteilung und ihrer Konsequenzen nicht einfach damit gelöst, dass Frauen plötzlich imitieren, was Männer jahrzehntelang vorgemacht haben. Männliche Herrschaft zu einer weiblichen Herrschaft machen zu wollen, ist nichts als die Aufrechterhaltung dessen, was jetzt schon beschissen ist.

Doch gegenwärtig messen wir den Fortschritt der feministischen Bewegung nach männlichen Kriterien. Also fordern wir endlich Parität in Parteiklubs, Führungsetagen, Aufsichtsräten. Endlich können wir Chefinnen sein, endlich (fast) Präsidentin – im Glauben, Frauen in Führungspositionen, das sei der Wahrheit letzter Schluss. Aber mehr Frauen in Führungspositionen ist nur ein Zwischenschritt. Denn ist er erreicht, erst dann kann der nächste angegangen werden: Das Schaffen eines Systems, in dem nicht traditionell von Männern ausgeübte Arbeit über traditionell von Frauen ausgeübter Arbeit steht etwa. Eines, in dem nicht nur akzeptiert und gefördert wird, dass Frauen Karriere machen, sondern eine, in dem auch akzeptiert und gefördert wird, wenn Männer sie nicht machen wollen. Ein System, in dem es in Ordnung ist, wenn der Mann zu Hause ist und die Ehefrau arbeitet, beide arbeiten, die Frau zu Hause ist und ihre Frau arbeiten ist, der Mann arbeitet und sein Mann genauso. In dem anerkannt wird, dass sowohl Haus- und Familienarbeit als auch Erwerbsarbeit notwendig und gleichwertig sind – und eine Republik, die das unterstützt. Oder ein System, in dem alles über den Haufen geworfen wird und niemand mehr überhaupt Lohnarbeit nachgehen muss, aber gut: Schritt für Schritt.

Wir sind schon ein Stück weit gekommen: John Stuart Mill, der schon Mitte des 19. Jahrhunderts mit seiner Frau Harriet Taylor Texte über die Gleichstellung von Mann und Frau veröffentlichte, in denen sie ein Frauenwahlrecht und das Recht auf Scheidung forderten und Männer aufforderten, aktiv für die Emanzipation von Frauen einzutreten, der Sätze schrieb wie: »Was man jetzt die Natur der Frauen nennt, ist etwas durch und durch künstlich Erzeugtes...«, ihm wurde nachgesagt, er sei »Masochist«, seine Frau habe ihn »verhext«.

Heute bekommen die deutschen Fußball-Frauen, wenn sie den EM-Titel gewinnen, nicht mehr nur ein Kaffeeservice mit blauen, gelben und roten Blümchen (wie es 1989 tatsächlich geschah und womit erfolgreichen Frauen gezeigt wurde: Ihr mögt zwar Fußball-Europameisterinnen sein, aber Frauen seid ihr, und die gehören in die Küche). Männer gehen in Karenz, treten für Quoten ein, formen zum ersten Mal in der Geschichte des Landes Regierungen mit einer weiblichen Übermacht, um ein »besseres Land« zu schaffen, wie es 2018 in Spanien passierte. Wir sind weit gekommen, aber noch lange nicht da, wo es selbstverständlich ist, sich für Frauenrechte einzusetzen und schon gar nicht da, wo man es nicht einmal mehr muss.

»Teile und herrsche!«

Die feministische Bewegung war von Anfang an nie wirklich homogen – und ist es heute weniger denn je. Ihre For-

> Wenn Frauen an der Spitze ausbeuterische Strukturen zulassen und sich mit vormaligen politischen Feinden verbünden, nur, um endlich selbst zu profitieren, dann ist das zwar ökonomisch für die Frau als solches zu begrüßen, ansonsten allerdings scheinheilig.
>
> – Bianca Jankovska

derungen waren einmal größer, grundlegender und vielleicht war sie daher einmal einheitlicher und breiter in dem, was sie forderte: Das Recht zu wählen, das Recht, ohne die Erlaubnis des Ehemannes arbeiten gehen zu können, das Recht, Schwangerschaften abbrechen zu können, das Recht, auch in einer Ehe Nein zu Sex sagen zu können. Viele Ziele wurden erreicht, die Notwendigkeit vieler weiterer in den vergangenen Jahren erst erkannt. Übrig bleiben unzählige kleine, oft apodiktisch, absolut denkende und argumentierende Gruppen, von denen viele nichts miteinander zu tun haben möchten, oder sich gar gegenseitig bekämpfen, sich gegenseitig die Legitimität absprechen, was nicht dadurch erklärbar ist, dass der Mensch dem Mensch ein Wolf ist. Denn die Frau ist der Frau zwar eine Wölfin, aber auch Wölfe jagen im Rudel.

Solidarität und Konkurrenz schließen sich gegenseitig nicht aus. Während Konkurrenz bei Männern als produktiv und anspornend gesehen wird, wird sie unter Frauen eher als zerstörerisch und hinderlich gesehen; Frauen, die konkurrieren, nicht als stark, sondern zickig, bissig, eiskalt wahrgenommen. Jungs lernen spielerisch Konkurrenz und damit schon in jüngsten Jahren umzugehen, während Mädchen eher in Gruppen spielen – und dennoch müssen sie später in einer Gesellschaft, in einem Markt bestehen, in dem Konkurrenz unumgänglich ist.

Keine Gruppe kann sich um alles kümmern, keine feministische Gruppierung kann für die Rechte aller Frauen auf der ganzen Welt kämpfen. Es ist wichtig und notwendig, dass es verschiedene Gruppierungen mit verschiedenen Anliegen gibt. Und wo verschiedene Meinungen existieren, wird auch ausgegrenzt, abgelehnt und ausgefochten. Bei den feministischen Forderungen, bei denen sich auch Antifeministinnen und Antifeministen bemüßigt fühlen, mitzudiskutieren (beim Schwangerschaftsabbruch etwa), da kommt der Angriff von außen. Doch meist interessiert sich ein Großteil der Gesellschaft nur wenig für die tatsächlichen Bedürfnisse von Frauen. Themen wie Sexarbeit etwa sind der Mehrheit egal – solange sie in Anspruch genommen werden kann, aber bitte im Dunklen am Rande der Stadt und nicht vor unseren Haustüren. Somit bleiben diese Diskussionen meist innerhalb feministischer Kreise – und das ist im Sinne lösungsorientierter Überlegungen gar nicht schlecht, führt aber zu Differenzen innerhalb einer Gruppe.

Die feministische Bewegung ist nicht homogen, das heißt aber nicht, dass sie nicht solidarisch sein kann. Definieren sich die einzelnen Gruppen durch Ablehnung / Verachtung / Abwertung der anderen Gruppe, hat Konkurrenz tatsächlich etwas Zerstörerisches, definiert sich durch die Anerkennung der Stärken der eigenen Gruppe, durch gemeinsame

Werte, Anliegen und Eigenschaften der eigenen Gruppe und erkennt gleichzeitig die Stärken der anderen an, dann kann Konkurrenz etwas Produktives und Belebendes sein. Konkurrenz bedeutet nicht, dass man sich gegenseitig bekämpfen muss. Frauensolidarität und Wettbewerb können nebeneinander existieren. Und vielleicht müssen sie es sogar.

Wir dürfen den Wettbewerb nicht Männern überlassen und Frauen nicht abstoßende Begriffe wie »Stutenbissigkeit« oder »Zickigkeit« zuschreiben, sondern müssen Konkurrenz als das sehen, was sie ist: ein in dieser Welt unumgängliches Tool, um durchzukommen und zu überleben, und etwas zu erreichen, das zu erreichen möglich erscheint. Konkurriert wird weniger um eine Utopie, als vielmehr um das, was möglich erscheint. Konkurrenz als etwas Destruktives zu vereiteln, hilft niemandem. Entscheidend ist, wie konkurriert wird, wie gespielt wird. Konkurrenz kann das Zerstören eines anderen sein, Konkurrenz kann genauso konstruktiv sein: Wenn die eine schnell rennt, muss ich ihr die andere kein Bein stellen, um ans Ziel zu kommen, ich muss versuchen, schneller zu rennen oder eine andere Route finden. Und ich kann zugleich sogar beeindruckt und respektvoll sein, wie schnell die andere rennen kann.

»Die Phase der Bewusstheit, der Diffusion und der Zersplitterung«

Schon im Jahr 1993 schrieb die Politikwissenschaftlerin Birgit Meyer: »Meiner Ansicht nach kann es Frauensolidarität als politisches Projekt erst wirklich in dieser Phase der Bewusstheit, der Diffusion und der Zersplitterung geben. Aber auch erst in einer Phase, in der aufgrund von frauenpolitischen Fortschritten Konkurrenzen zum Tragen kommen. Insofern besteht zwischen Solidarität und Konkurrenz ein dialektisches Verhältnis. Ausweglosigkeit und übermächtiger Leidensdruck schafft die Basis für kurzfristig-pragmatische Solidarität. Der Übermächtigkeit von Unterdrückung kann nur durch Gemeinsamkeit, durch solidarisches Handeln entgegengetreten werden.«

Unterdessen sind da die, die Männer miteinbeziehen, und die, die das unter keinen Umständen wollen. Die, die auch keine Personen, die trans-, inter-, nicht-binär sind an der Bewegung teilhaben lassen möchten, und die, die das für falsch halten. Es gibt die, die sich in Elternforen zerfleischen. Die, die für mehr Rechte für Sexarbeiterinnen kämpfen, und die, die ein Verbot von Sexarbeit fordern. Die, die sich nicht als Feministinnen bezeichnen, und die, die das verurteilen und einfordern. Es gibt die, die sagen, Frauen sollen alles tun, was sie wollen, und die, die sagen: aber

Ich bin Feministin. Ich habe lange genug als Frau gelebt, es wäre dumm, nicht auf meiner eigenen Seite zu stehen.

– Maya Angelou

nicht die Brüste vergrößern. Die, die sagen, Nacktfotos zu veröffentlichen sei ein feministischer Akt, und die, die sagen, dass es das in keiner Weise sei. Es ist eine gespaltene Bewegung. Dass sich über gespaltene Bewegungen leicht herrschen lässt, hat schon die zum Sprichwort gewordene Maxime der altrömischen Außenpolitik belegt: »Divide et impera!« – »Teile und herrsche!« Gruppen, die sich gegeneinander wenden, anstatt gemeinsam gegen einen Herrschenden zu kämpfen, stellen für ihn kaum eine Gefahr da. Dabei sollten wir immer im Hinterkopf behalten: Wir haben viele Verbündete, auch wenn wir nicht in allen Belangen einer Meinung sind. Menschen benötigen, um fortleben zu können, Eigengruppen, innerhalb derer man füreinander sorgt. Durch die notwendige Definition von Eigengruppen werden notwendigerweise gleichzeitig Fremdgruppen definiert, die zu erkennen wichtig ist. Mitglieder von Eigengruppen müssen wissen, wem sie vertrauen können und von wem sie erwarten können, zur Gruppe beizusteuern, um nicht ausgenutzt zu werden. Sobald die Eigengruppe jedoch zu gespalten ist, sobald Bruchlinien zu klar als solche angenommen, gesehen und gelebt werden, wird sie verletzlich und schwach. »Widerstand kann nur als kollektive Handlung sinnvoll gedacht werden.«

Nichts schweißt mehr zusammen als ein gemeinsamer Gegner. Vielleicht sehen wir es am besten in einem Fußballstadion. Und eigentlich müssen nicht alle einer Meinung sein, um gemeinsam gegen oder für etwas zu kämpfen. Da gibt es die, die nur in Ruhe mit ihren Familien ins Stadion gehen möchten, und die, die tagelang Banner, Choreografien und Schlachtrufe vorbereiten und mit Schal, Trikot und dementsprechender Farbe im Gesicht auf den Tribünen stehen, rufen oder trommeln. Die, die danach jemanden verprügeln wollen, und die, die sogar einen toten Freund im Sarg noch in das Stadion tragen, damit er ein letztes Mal bei einem Spiel dabeisein kann. Nicht alle müssen einer Meinung sein, denn so unterschiedlich sie sind, der einzig wahre Gegner ist die gegnerische Mannschaft.

Ich möchte damit nicht auf Männer gegen Frauen hinaus, sondern auf Männer und Frauen gegen gegebene Machtstrukturen und jene, die sie zu erhalten versuchen und: »Es sind ja meist Männer, die entscheiden, und die müssen gar nicht viel tun, damit nichts passiert«, hat Renate Fleisch, Leiterin der AIDS-Hilfe Vorarlberg, einmal so treffend gesagt.

Leonard Cohen oder Death Metal

Fußballfans haben uns nur etwas voraus: Anstatt zu sehen, dass eine der-

> Was ich der Welt sagen will, ist, dass Männer vom Patriarchat genauso verletzt werden wie Frauen.
>
> – Laverne Cox

art gespaltene Bewegung machtlos ist, umgeben wir uns mit den wenigen, die unserer Meinung sind, suchen keinen Austausch, höchstens den Konflikt.

Aber unser Ziel ist dasselbe: Gleichberechtigung von Mann und Frau auf allen Ebenen, gleiche Rechte und gleiche Freiheiten für Frauen und Männer – nur von diesen Prinzipien aus ist alles Weitere möglich. Es ist in Ordnung, dass nicht alle immer derselben Meinung sind.

Zu kritisieren, dass sich manche Frauen für Ehe und Haushalt entscheiden, oder beides radikal ablehnen, dass sie sich die Lippen aufspritzen lassen oder Kopftuch tragen, verändert wenig. Vielmehr müssen wir uns ansehen, wie die Gesellschaft Frauen dazu bringt, diese Entscheidungen zu treffen. Was es als politische Grundlage braucht, damit Frauen Entscheidungsfreiheit haben. Nicht nur Entscheidungsfreiheit, was die Frage angeht, ob sie Windeln wechseln wollen, ob das lieber der Partner machen soll oder beide niemals Kinder haben möchten, nicht nur die Entscheidungsfreiheit, ob sie Körbchengröße A oder F haben möchten, sondern auch die Freiheit, herausfinden zu können, ob es überhaupt das ist, was sie wollen und nicht das, was ihnen dirigiert wurde zu wollen. Dass ihnen die Möglichkeit gegeben werden kann, sich zu verhalten, wie sie sich verhalten möchten, nicht so, wie sie glauben, sich als Frau verhalten zu müssen – soweit es Menschen möglich ist, überhaupt diesen Schritt zu machen, die Schablone zurückzuweisen. Schließlich beschäftigen sie sich schon als Mädchen damit, was eine Frau ist und sein muss. Welche Musik eine Frau hört, welche Schuhe eine Frau trägt, welche Frisur und Sprache, welche Hobbys, welchen Humor, welchen Gang, welche Gedanken, welche primären und sekundären Geschlechtsmerkmale, welchen Kleidungsstil eine Frau hat. Immer wieder stehen sie vor der Frage, wie eine Frau in einer gewissen Situation zu entscheiden hat. Welche Kerzenhalter hat man als Frau, welche Schuhe, welches Sofa? Wie weit darf die Hose sein, welche Farbe muss die Bettwäsche haben und welche das Kästchen im Bad? Hört man als Frau Leonard Cohen oder Death Metal, schaut man Action- und Horrorfilme? Der Großteil dieser Entscheidungen werden keine tatsächlichen Entscheidungen sein. Ich habe mittlerweile so viele verschiedene Frauen kennengelernt, die bestätigen, dass es so viele Schablonen gibt, dass keine mehr wirklich greift, obwohl wir uns oft noch an alte Erwartungen halten.

Vielleicht sind wir Frauen an einem Punkt, an dem wir sagen, dass wir einen Mann wollen, der statt uns in Karenz geht, weil wir emanzipiert sind und unsere Karriere nicht gegen ein Baby tauschen möchten. Trotzdem soll dieser Mann meist größer, älter und stärker, zumindest nicht kleiner, jünger und schwächer sein als wir. Wir wollen, dass er uns helfen kann, Regale aufzubauen – auch, wenn wir die Hilfe gar nicht benötigen. Wir möchten Männer nicht einschüchtern, indem wir zu laut oder bestimmend sind und geben ihnen ein sicheres Gefühl, indem wir Fragen stellen, deren Antworten wir längst kennen und vorgeben, Dinge nicht zu können, die wir mindestens so gut können.

Wir kichern, wenn uns jemand ein unangebrachtes Kompliment macht, ärgern uns im Nachhinein, nichts gesagt zu haben, nehmen uns vielleicht vor, das nächste Mal anders zu reagieren. Aber kichern auch beim nächsten Mal wieder. Es ist im Moment eben einfacher und schließlich kann man in solchen Situationen nur verlieren: Geht man drauf ein, fühlt man sich oft widerlich. Geht man nicht darauf ein, wird einem das Gefühl gegeben, man sei empfindlich, wehleidig, prüde, steif. Wir fügen uns oft, weil es einfacher ist, nichts zu sagen. Doch »meistens geben die Leute ihre Macht auf, indem sie denken, sie hätten keine«, sagte die Autorin von *The Color Purple*, Alice Walker.

Und während Frauen immer beigebracht wird, dass wir nicht daheim und bei den Kindern sein müssen, dass wir Kind und Karriere haben können – auch wenn oft die gesetzlichen Rahmenbedingungen fehlen, um das auch tatsächlich zu können –, während wir uns immer mehr einem althergebrachten Männerbild annähern, stark, unabhängig, bleiben auch Männer bei diesem Männerbild. Sie sehen ihren Platz meist nicht daheim. So wie auch wir ihren Platz meist nicht daheim sehen. Mann muss satisfaktionsfähig sein, sich mit anderen messen, erfolgreich sein. Und Frauen stützen es, indem sie es attraktiv finden.

Männer als essenzieller Teil der Utopie

Der US-amerikanische Science-Fiction-Autor John Scalzi beschrieb 2012 auf seinem Blog ein Gedankenexperiment: Man stelle sich vor, man sei ein im Westen lebender, weißer Mann, der auf Frauen steht und das Leben wäre ein Rollenspiel – ein abstoßend banales Rollenspiel, in dem der Großteil der Aufgaben das Generieren von Geld beinhalte, Handys oder Donuts. Er nennt das imaginäre Spiel *The Real World*: »Im Rollenspiel *The Real World* ist die Einstellung ›Heterosexueller Weißer Mann‹ die einfachste verfügbare Schwierigkeitsstufe. Das heißt, dass die vorgegebenen Verhaltensweisen aller nicht spielbaren Charaktere dir gegenüber entgegenkommender sind als sie es normalerweise wären. Die standardmäßigen Hindernisse, die du überwinden musst, um Quests zu erfüllen, sind niedriger. Du levelst schneller auf. Du hast automatisch

Die Frauen haben das Recht, das Schafott zu besteigen, gleichermaßen muss ihnen das Recht zugestanden werden, eine Rednertribüne zu besteigen.

– Olympe de Gouges

Zugang zu Teilen der Map, die andere erst freispielen müssen.«

Damit geht nicht automatisch eine Erbschuld einher. Niemand wird als Chauvinist, Nationalist, Feminist oder Antifeminist geboren. Es gibt nur eine Gesellschaft, die das forciert. Niemandem ist mit diesem Privileg eine Schuld zugefallen. Aber nur die, die sich dieses Privilegs bewusst sind, die, die wissen, dass sie dank dieses Privilegs mehr profitieren und ein leichteres Leben haben als andere auf dieser Welt, können auch konstruktiv am Diskurs über das Hinterfragen dieser Privilegien teilhaben. »Früher einmal war das Land ausschließlich zum Vorteil von Typen wie mich eingerichtet. Heute ist das nur noch *größtenteils* so«, schreibt Will Leitch in seinem Artikel *How to Raise a Boy*. Die feministische Bewegung ist voll von Männern, die Muster und Rollenbilder hinterfragen, Chiffren entschlüsseln und bekämpfen.

Doch beiden Geschlechtern wird, bevor sie die ihnen zugewiesene Rolle hinterfragen, zunächst beigebracht, wie sie sie zu erfüllen haben. Und mit der Annahme, dass sie diese Rollenzuschreibung nicht ausreichend reflektieren können, nehmen wir ihnen das Recht, am Diskurs über die vorherrschenden Machtverhältnisse zwischen Männern und Frauen teilhaben zu dürfen.

Würden wir Menschen aus der Debatte ausschließen, nur weil sie eine gewisse Art der Diskriminierung nie erfahren haben, dürften sich westlich zivilisierte Frauen nicht für die Rechte somalischer Mädchen und Frauen einsetzen oder Heterosexuelle die Ehe für alle fordern. Männer werden nie tatsächlich wissen, wie es ist, die Diskriminierung zu erfahren, der Frauen tagtäglich ausgesetzt sind. Das heißt nicht, dass Männer nicht Teil der ganzen Debatte sein müssen – im Gegenteil: Sie sollen Frauen nicht nur unterstützen, aus Gnade, Mitleid, Großmut. Sie sollen sie nicht einmal mehr unterstützen, denn Unterstützung ist nur ein Unter-die-Arme-Greifen bei etwas, das hauptsächlich Aufgabe der Frau ist.

Wir brauchen Männer. In seinem Buch *Masculinity and Morality* beschreibt Larry May den Unterschied, den er mitbekomme, wenn Frauen Männer auf sexistische Aussagen oder Witze aufmerksam machen und wenn es Männer täten: Kommt die Kritik von einer Frau, verdrehen viele Männer die Augen, sagen, die Frau sei zu empfindlich oder verstehe keinen Spaß. Kommt die Kritik von einem Mann, blicken viele schuldig: »Die Kritik von männlichem Verhalten scheint manchmal glaubwürdiger, wenn sie von Männern, als wenn sie von Frauen kommt … Es ist eine bedauerliche Tatsache, dass Männer generell andere Männer ernster nehmen als Frauen. Aber diese bedauerlichen Aspekte des Ist-Zustands können in manchen Fällen überwunden werden, wenn die männliche Stimme der Autorität als effektives Werkzeug für Kritik eingesetzt wird.«

Fledermäuse

Männer werden nie wissen, wie es tatsächlich ist, als Frau durch die Welt zu gehen. Aber genauso wenig werden weiße, im Westen lebende Frauen, jemals tatsächlich wissen, wie es ist, als Frau in Nigeria aufgewachsen zu sein. Heterosexuelle Frauen aus Nigeria nicht, wie es ist, homosexuell in Albanien aufzuwachsen. Ein Mensch, der sich mit dem ihr zugewiesenen Geschlecht identifiziert, nicht, wie es ist, als Mensch durch die Welt zu gehen, der das nicht tut. Tatsächlich wissen, wie es ist, von einer bestimmten Diskriminierungsform betroffen zu sein, können nur die, die tatsächlich selbst davon betroffen sind.

Zur Veranschaulichung ein Beispiel aus der Biologie: 1947 stellte der amerikanische Philosoph Thomas Nagel eine Frage, die er nicht beantwortete. Nämlich wie es sei, eine Fledermaus zu sein. Im ersten Moment scheint es einfach zu definieren, was eine Fledermaus ausmacht: Sie ist ein kleines, fliegendes Säugetier, das sich meist von Insekten ernährt, kopfüber schläft, sich durch Ultraschallwellen verständigt und nachtaktiv ist. Wie es ist, eine

Fledermaus zu sein, ist eher schwierig zu klären. Um es verstehen zu können, könnte man versuchen, sich kopfüber unter ein Dach zu hängen, Insekten zu essen oder mit Freunden via Ultraschallwellen zu kommunizieren. Nur erfährt man dabei höchstens, wie es sich anfühlt, eine Fledermaus nachzuahmen, wie es sich anfühlt, so zu tun, als sei man eine Fledermaus. Wie es tatsächlich ist, eine zu sein, kann sich niemand vorstellen, der nie eine war.

Wir können die Summe an Erinnerungen und Erfahrungen eines anderen Menschen nicht fühlen, aber wir können sie uns erzählen lassen. Wir kennen sie, auch wenn wir sie nicht vollkommen verstehen. Dafür muss mit denen gesprochen werden, die von anderen Formen von Diskriminierung betroffen sind. Mit denen, die vermeintlich von keiner betroffen sind. Um sich Utopien annähern zu können, muss man zuweilen zuhören, wo man es vielleicht selbst gar nicht will, muss man oft anstrengend sein und mit Menschen reden, die vielleicht früher nie richtig zugehört haben.

Drehbuchautor Joss Whedon, der viele starke weibliche Charaktere – zum Beispiel Buffy – erschaffen hat, sagte einmal: »Die Misogynie, die in jeder Kultur steckt, ist kein echter Teil der Conditio Humana. Sie ist ein Leben außer Balance, und dieses Ungleichgewicht zehrt an der Seele jedes Mannes und jeder Frau, der oder die damit konfrontiert ist.« Es ist ein großer Unterschied zwischen patriarchalen Männern und Männern im Patriarchat.

Vielleicht beginnt die Schwierigkeit des Patriarchats schon beim Begriff selbst. Aber etwas einen Namen zu geben, schafft überhaupt erst Bewusstsein für die Sache selbst. Wir sehen einzelne Ausprägungen, aber wir erkennen den Zusammenhang, die Existenz nur, wenn uns jemand sagt: Das alles, das ist das Patriarchat – und vielleicht noch ein bisschen mehr, und vielleicht – hoffentlich – in zehn Jahren völlig anders.

4

HASS

Hass auf Feministinnen ist so alt wie der Feminismus selbst. Die Suffragette Margaret Nevinson schrieb, sie und ihre Mitstreiterinnen hätten ihr Augenlicht nur wegen der damals modernen großen Hüte behalten, die sie in der Öffentlichkeit meist trugen. Die großen Hutkrempen hätten sie vor »harten Geschossen und Cayenne Pfeffer« geschützt, der ihnen mit Blasebälgen ins Gesicht gepustet wurde. Die Suffragetten wurden bei ihren Auftritten mit Eiern beworfen. Und man ließ Ratten auf sie los.

Feministinnen galten als hässliche, männerhassende Lesben. Irgendwann wandelte sich das Bild: Heute sind sie hässliche, männerhassende Lesben, aber auch hässliche, männerhassende, frigide Heterofrauen. So oder so: Es sind Frauen, die keinen Sex mit Männern haben. Sprich: Außerhalb feministischer Kreise scheint die Meinung vorzuherrschen, Sex mit einem Mann bewahre vor feministischem Gedankengut. Sex wiegt alles auf: systematische Ausbeutung, Altersarmut, Teilzeitarbeit. Wer braucht Gleichstellung, wo es doch Penisse gibt? Nur die, die zu lange keinen gesehen haben. Enthaltsamkeit, einst von Männern zur Tugend erhoben, wurde zu einer Zuweisung, zu einer Unterstellung, mit der man versuchte, Anliegen zu diskreditieren.

Am Horizont die Katastrophe

Im Kampf gegen eine vermeintliche Machtübernahme der Frauen und Beschneidung der Rechte von Männern, handeln Antifeministinnen und Antifeministen oft nur im Sinne weniger. Kaum jemand von ihnen setzt sich für Transmänner ein, für Männer aus dem Ausland, für homosexuelle Männer, für Männer mit Behinderung. Um ihre Gruppe zu stärken und zu legitimieren, sprechen sie anderen die Legitimation ab.

Die Soziologie nennt dieses Phänomen »Abwärtsvergleich«. Er sorgt dafür, dass wir schnell und einfach Belohnung fühlen, ohne tatsächlich unmittelbar etwas geleistet zu haben. Wir vergleichen uns mit jemand anderem, um uns besser zu fühlen. Mein Balkon ist größer, meine Schuhe edler, mein Sofa teurer. Aber die Vergleiche können nicht nur an materiellen – vermeintlichen – Überlegenheiten festgemacht werden, sondern eben genauso an Hautfarbe, sexueller Orientierung, Herkunft, Geschlecht oder Religion: Ich habe hellere Haut, eine schönere Freundin, ich glaube an den einzig wahren Gott, ich verschwende meine Zeit nicht mit unnötigen Gedanken wie Gleichberechtigung, kann mit meinem Partner auf natürlichem Wege Kinder zeugen oder bin körperlich nicht eingeschränkt. Ich bin mehr wert. Verachtung als Mittel zur Selbstwertsteigerung.

Für das Individuum wäre es insgesamt einfacher, ohne sich aktiv für feministische Forderungen – und eigentlich für jede Art von Bemühen – einzusetzen, dieser Einsatz raubt Zeit, Nerven und Energie. Es wäre einfacher, jetzt keinen Aufwand zu betreiben und nicht daran zu denken, was das für die Zukunft bedeuten würde. Erich Fromm nannte es das Aussterben unseres Selbsterhaltungstriebs und schrieb, dass der Einzelne die sich am Horizont abzeichnende Katastrophe den Opfern vorzieht, die er jetzt bringen müsste.

Und es ist manchmal tatsächlich nahe der Unmöglichkeit, Kraft dafür zu finden. Weil wir vielleicht nie tatsächlichen Fortschritt sehen werden. Der Einsatz für Menschenrechte, Tierschutz, Umweltschutz ist kräftezehrend, oft gibt es nicht einmal eine sofortige Belohnung, die uns zeigt, weshalb man diesen Aufwand überhaupt betreibt oder betrieben hat. Oft sorgt sogar jemand dafür, dass das Gegenteil passiert. So stellt sich eine teilnahmslose Zuversicht ein: Ich möchte zwar selbst keine Opfer bringen, aber bestimmt wird alles gut. Wird es nicht. Nicht ohne jemanden, der dafür sorgt.

»Die Grenzen der Widerlichkeit«

Feministinnen haben sich nie sonderlich beliebt gemacht. Denn häufig werden nicht feministische Forderungen an sich zerlegt, sondern die, die sie fordern. Als 1949 Simon de Beauvoirs *Das andere Geschlecht* erschien, setzte die katholische Kirche das Buch umgehend auf den Index. Der christliche Schriftsteller François Mauriac postulierte, man habe »buchstäblich die Grenzen der Widerlichkeit erreicht«. Auch Albert Camus, enger Freund, vor allem Sartres, aber auch de Beauvoirs, sprach sich gegen das Buch aus und bezeichnete es als »Beleidigung des romanisch-sprachigen Mannes«. Der kommunistische Schriftsteller André Wormser war »entrüstet«. Das Buch sei obszön und eine »Anhäufung von Unflätigkeiten«.

Das Werk der Schriftstellerin und Nobelpreisträgerin Elfriede Jelinek, die von Beginn an die Machtverhältnisse zwischen Männern und Frauen kritisiert, wird seit jeher begleitet von Herabwürdigung durch die Bevölkerung, Parteien und Medien. Der österreichische Rechtspopulist Jörg Haider bezeichnete sie als »zutiefst frustrierte Frau«. Wolf Martin reimte den Namen »Jelinek« in der *Kronen Zeitung* wiederholt auf »Dreck«, was die Substanz der Kritik veranschaulicht. Jens Bergmann und Bernhard Pörksen brachten es 2009 auf den Punkt: »Der Skandal wirft ein Schlaglicht auf den Zustand der Gesellschaft; er verrät viel über Normen, Tabus und den herrschenden Zeitgeist.«

Als die Modekette »Land's End« 2016 in einem Katalog ein Interview mit der Frauenrechtsaktivistin und Schriftstellerin Gloria Steinem veröffentlichte, wurde die Marke unter anderem von Abtreibungsgegnern kritisiert und zum Boykott aufgerufen. Steinem wurde von der Website entfernt.

Auf YouTube, Blogs oder Männerrechtsseiten kursieren unzählige Videos und Einträge mit verächtlichen Kommentaren über die Schriftstellerin Laurie Penny.

Hass richtet sich in den meisten Fällen nicht gegen tatsächliche Ungerechtigkeiten, die ohne Frage bestehen, sondern gegen stellvertretende Personen oder Personengruppen. Sie werden zu Sündenböcken gemacht. Das wichtigste scheint die Suche nach einem Schuldigen zu sein, anstatt sich seiner Eigenverantwortung bewusst zu werden.

Schuldige und Sündenböcke

Man kann sich die Sündenböcke wahllos aussuchen: Juden, Muslime, Homosexuelle, LGBTIQ-Menschen, Rohingya, Roma, Kurden, Hutu, Tutsi, Feministinnen, Frauen, Männer, Kaffeehausbesitzerinnen. Schuldige sind überall zu finden, es sind immer die anderen – die Vorurteile variieren, die Gefühle ihnen gegenüber nur selten. Sie dienen denen, die projizieren dazu, eine Erklärung für (gefühlte) Unrechtmäßigkeiten zu finden, selbst wenn diese Personengruppen in keiner Weise damit zu tun haben.

Genau dieses Gefühl bekommt man als Frau immer wieder zu spüren. Männer, die Frauen beschuldigen, an etwas schuld zu sein, mit dem man nichts zu tun hat. An der Vergewaltigung anderer Frauen, an trans-, homo-, intersexuellen weil durch Gendermainstreaming verwirrten Kindern, an der Unterdrückung des Mannes. Sie fühlen sich benachteiligt, sie sind die Opfer dieser Emanzipation. Blogs beschäftigen sich mit der Unterdrückung von Jungen und Männern, veröffentlichen die Adressen von Frauenhäusern, damit sich Männer ihre Frauen »wieder zurückholen« können. Männliche Feministen werden als skrupellos bezeichnet, als sich den Frauen anbiedernde unterwürfige Schwächlinge. Das Gutheißen von Feminismus sei die Heiligsprechung des weiblichen Egoismus. Romeo Bissuti, Leiter des Männergesundheitszentrums in Wien, erklärt diese Einstellung im April 2018 so: »Für jemanden mit Privilegien fühlt sich Gerechtigkeit wie Benachteiligung an.«

Viele, die die Diskriminierung anderer leugnen, fühlen sich absurderweise selbst davon betroffen. In den USA glauben etwa 33 Prozent der Männer zwischen 18 und 34, dass sie im Beruf wegen ihres Geschlechts diskriminiert werden.

Reaktion auf diese (vermeintliche) Unterdrückung ist oftmals Aggression, Reaktion auf einen (vermeintlichen) Angriff auf die eigene Freiheit und das Selbst. »Gewalt, als Delikt verboten, wird als Sanktion geboten, umbenannt und gerechtfertigt«, schrieb der Aggressionsforscher Friedrich Hacker schon 1971 in seinen »25 Thesen zur Gewalt«. Die Unterdrückten werden zu den Unterdrückerinnen erklärt, wodurch versucht wird, weitere Gewalt gegen sie zu legitimieren.

Warum sind Feministinnen so verhasst?

1

Eine Unzahl von Menschen denkt, Feministinnen wollten alle Männer entmachten, wollten ein System wie das, das wir jetzt haben, nur dass sie in Führungspositionen kommen und die Männer dann die Ausgebeuteten sind.

2

Feministinnen bedrohen bisher Dagewesenes. Feministische Errungenschaften bedeuten Veränderung, Fortschritt. Veränderung bedeutet immer auch das Zurücklassen von etwas Vertrautem. Das macht vielen Angst. Denn im Gegensatz zum bisher Dagewesenen ist das Neue nicht berechenbar. Veränderung ist nicht das, was viele Menschen wollen und vielmehr: Fortschritt ist nicht das, was viele Menschen wollen.

3

Feministinnen stehen stellvertretend für starke Frauen, für Frauen, die Macht wollen, für Frauen, die laut sind. Gegen solche Männer haben wir nichts, gegen solche Frauen sehr wohl.

4

Privilegien fördern Blindheit. Viele sehen nicht, dass Frauen* diskriminiert werden. Feminismus ist für sie irgendwas zwischen unnötigem Gejammer und faschistischer Hetze.

5

Menschen, die Emanzipation anstrebten, die lautstark Veränderung forderten, gar Verbesserung der eigenen Situation und der vieler anderer, haben sie bei einer breiten Masse nie beliebt gemacht. Egal, um wessen Rechte es ging.

6

Wir sprechen immer davon, wie die Gesellschaft Frauen behandelt: nämlich scheiße / saumäßig / beschissen. Wieso sollte die Gesellschaft die besser behandeln, die sich dagegen wehren? »Wer die Macht hat, ohne sie an sich gerissen zu haben, möchte nicht dafür kritisiert werden.«

Die feministische Kämpferin Bertha Brewster veröffentlichte im *Daily Telegraph* bereits im Jahr 1913 einen Brief, und schlug darin vor, wie man die Bewegung stoppen könne:

Sir,

Man scheint sich einig ob der Notwendigkeit, den Suffragettenaufständen ein Ende zu setzen; doch niemand vermag mit Sicherheit zu sagen, wie. Es gibt zwei, und nur zwei, Möglichkeiten, dies zu bewerkstelligen.

Beide wären zweifellos
erfolgreich.

1. Töten Sie jede einzelne Frau im Vereinigten Königreich.
2. Geben Sie den Frauen das Wahlrecht.

Hochachtungsvoll,
Bertha Brewster

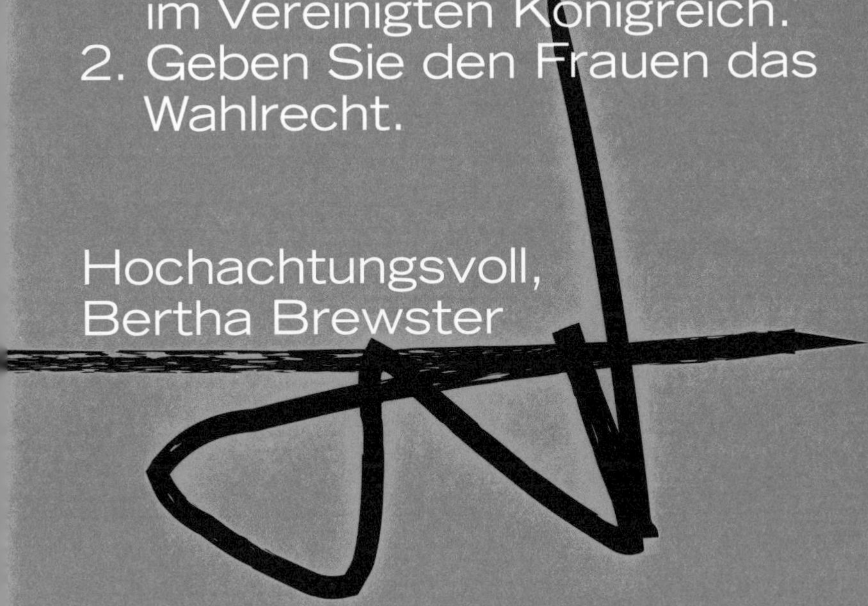

»A Dangerous Madman«

Man stelle sich vor, jemand ginge im Supermarkt zur Kasse, stellte sich hinten in der Schlange an und schreie ganz nach vorne zur Kassiererin, sie sei eine Hure, die einfach mal richtig gevögelt werden müsse. Ein paar Kunden würden zustimmend nicken, einer applaudieren und »Ja genau!« rufen. Ein anderer, an der Hand seinen 5-jährigen Sohn, der gerade Gummibärchen auf das Band hievt: »Das würde doch niemand jemals wollen, habt ihr nicht diesen riesigen Hintern gesehen?« Wieder anerkennendes Nicken, einer klopft dem Mann anerkennend auf die Schulter. Die Menschen raunen und strecken sich, um den Hintern der Verkäuferin sehen zu können. Der Mann grinst selbstherrlich: Anerkennung durch Artgenossen hatte er das letzte Mal, als er den ersten Platz des sommerlichen Tennisturniers des TSV-Alberndorf im Pulkautal gewonnen und danach mit den anderen im Clubhaus gesoffen hat. Quasi auf den Händen getragen haben sie ihn. »17,75«, sagt die Kassiererin, als er an der Reihe ist. Er bezahlt und streckt sich unauffällig, um auch noch ihren Hintern sehen zu können. Im Gehen murmelt er noch »Erhäng dich einfach!« gerade so laut, dass es die Kassiererin noch hört, während sie die Gummibärchen abkassiert.

Ein Szenario, das so glücklicherweise eher selten passiert. Hätte die Kassiererin einen Twitter- oder Face-

Wenn Männer an die feministische Revolution denken, stellen sie sich eine Welt vor, in der Frauen über Männer herrschen, so wie Männer über Frauen geherrscht haben.

– Sally Kempton

book-Account, einen Blog, den sie – in welcher Form auch immer – nutzen würde, wahrscheinlich würde sie Sätze wie diese zu lesen bekommen. Vielleicht nur einmal, vielleicht einmal die Woche, vielleicht mehrere Male pro Tag.

Der Männerhass, der Feministinnen vorgeworfen wird, steht diametral zu dem Hass, der Frauen – und gerade Feministinnen – entgegenschlägt. Es ist psychische Gewalt, der sie Tag für Tag ausgesetzt sind. Würde ihnen im Alltag gesagt, sie sollten sich erhängen, würde niemand anzweifeln, dass es sich dabei um Gewalt handelt. Findet psychische Gewalt online statt, wird sie oft nicht als solche angesehen. Obwohl ihr viele Frauen ständig ausgesetzt sind.

Schon die Suffragetten bekamen Hassnachrichten; einige kann man gesammelt im Buch von Joyce Marlow *Votes für Women* nachlesen. Eine davon war an Hugh Franklin adressiert, einen männlichen Aktivisten der Bewegung: »We would give you and old Mother Pankhurst (the fossil-worm) Five Years Penal Servitude and then burn you both together. YOU ARE A DIRTY TYKE AND DANGEROUS MADMAN«, hieß es da, was übersetzt in etwas so viel bedeutet wie: Wir würden Sie und die alte Mutti Pankhurst einsperren und euch dann zusammen verbrennen. Sie sind ein dreckiger Bengel und ein gefährlicher Irrer! Derartige Hassbotschaften könnten genauso gut aus dem Jahr 2018 stammen und per E-Mail gekommen sein.

Ein Jahrhundert später schrieb ein Mann auf Twitter: »Komm schon! Würde mir gefallen dich vor Gericht zu zerlegen und dich zu zwingen Scheiße zu fressen – du dumme ignorante hässliche Schlampe.« Es sind nicht die Worte eines anonymen Trolls. Sie stammen von dem Politikberater Roger Stone, der maßgeblich an Donald Trumps Wahlkampf 2016 beteiligt war. Eine Userin hatte ihm Verleumdung vorgeworfen, nachdem Stone den Vorwurf Trumps wiederholt hatte, Obama habe den damaligen Präsidentschaftskandidaten abhören lassen. Dass diese Menschen das Sagen haben, ist eine Herausforderung für alle, die die nächsten Generationen sensibilisieren wollen. Der Schriftsteller Will Leitch fragt in seinem Artikel »How to Raise a Boy«, in dem er darüber nachdenkt, wie er seine Söhne in dieser Welt erziehen soll, ganz richtig: »Die Welt wird jetzt gerade von den Aggressiven und den Tyrannen regiert … Wie stellst du sicher, dass deine Jungs keine Arschlöcher werden, wenn *der Präsident ein Arschloch ist*?«

»Hey, du Schlampe …«

Über Sätze wie »Hey, du Schlampe, welchen Schwanz hast du heute wieder gelutscht?« kann ich mittlerweile schmunzeln. Ich stelle mir vor, wie jemand tatsächlich an einem Computer gesessen ist, in der Browser-Leiste Twitter eingegeben hat, auf mein Profil gegangen ist, auf »Nachricht« geklickt und dann so etwas unfassbar Einfallsloses produziert hat.

Ich selbst bekomme – wie viele andere Frauen – meist sexualisierte oder objektifizierende Nachrichten. Ganz klar: Sie werten mich als Journalistin, als selbstbestimmten Menschen ab, indem sie mir erklären, mein Verhalten rühre daher, dass ich zu:
– dick / dumm / blond / deutsch / hässlich / prüde / wahnsinnig / wütend sei, um
– von jemandem begehrt / geliebt / geheiratet zu werden.

Weil es das Ziel einer jeden Frau sein sollte, von einem Mann begehrt / geliebt / geheiratet zu werden, müssen sich diejenigen eine Alternative überlegen, denen all das verwehrt bleibt. Also werden sie Feministinnen – getrieben von Verachtung und Hass auf Männer. Dieser vermeintliche Hass wird mit Hass beantwortet:

Ein User wünschte mir einmal ein langes Leben, weil ein langes Leben im Wissen der Schuld schlimmer sei als der Tod. Denn ich sei schuld an der Vergewaltigung anderer Frauen. Ein anderer fragte, wie viel er zahlen müsse, um mich beim Sex würgen zu dürfen und wie viel es koste, wenn er mich auf einem blutenden Leib vögeln würde. Einer nannte mich ein Miststück, das von ihrem Großvater verprügelt worden wäre, einer sagte, ich sollte gehängt werden, einer schrieb, im Nationalsozialismus hätte man mich an die Wand gestellt und erschossen. Einer schrieb, Scheißhuren wie ich hätten es verdient, von mehreren Männern auf einmal vergewaltigt zu werden. Ein weiterer schickte mir auf Twitter über Monate hinweg Nachrichten über zerstückelte Menschen und Frauen in Kisten, fragte mich, ob ich den Satan möge und schrieb Sätze wie: »24 Stunden lang war sie seinen kranken Sexfantasien ausgeliefert.« Ich ging zur Polizei, der Beamte schickte mich weg mit der Begründung, er habe nicht so viel Ahnung vom Internet, aber das sei »eh nichts«. Ich war hingegangen im Gedanken, dass mir die Nachrichten zwar nicht allzu nahe gingen, aber zumindest für die Statistik angezeigt werden müssten, und verließ die Polizeistation ernüchtert und entmutigt. Die notwendige Unterstützung müssen sich Betroffene oft unter ihresgleichen suchen. Viele Netzwerke sind erst aus diesem Grund gewachsen, viele Frauen habe ich so erst kennengelernt. So schweißen die, die eigentlich wollen, dass Stimmen verschwinden, Betroffene nur mehr und mehr zusammen. Und trotzdem können Gesetzgeber, Polizei und Soziale Medien nicht aus der Verantwortung genommen werden, nur weil Betroffene die Arbeit leisten, die sie zu leisten verabsäumen: Die Fantasie von zerstückelten Frauen ist bedrohend, auch wenn es nicht als konkrete Drohung ausgesprochen wird. Polizeibeamtinnen und -beamte müssen wissen, wie sie in diesen Fällen handeln können. Vergewaltigungswünsche sind Vergewaltigungswünsche und Beleidigungen beleidigend, auch wenn sie in einer Privatnachricht kommen.

Der ehemaligen österreichischen Nationalratsabgeordneten der Grünen Sigi Maurer schrieb im Mai 2018 ein Wiener Gastronom auf Facebook: »Hallo Du bist heute bei mir beim Geschäft vorbei gegangen und hast auf meinen Schwanz geguckt, als wolltest du ihn essen.« Und in einer weiteren Nachricht: »Bitte wenn Du nächstes Mal vorbei kommst darfst Ihn ohne Worte in deinen Mund nehmen und ihm bis zum letzten Tropfen aussaugen, zahle auch 3 Euro mehr, wenn Du nix verschwendest!!! Dein fetter Arsch turned mich ab aber da Du prominent bist, ficke ich Dich gerne in deinen fetten Arsch, damit dir einer abgeht du dreckige Bitch!!!« Maurer entschloss sich, die Nachrichten und den Namen des Gastronomen zu veröffentlichen, rechtlich bestand keine Möglichkeit, gegen den Mann vorzugehen. Der Wirt droht Maurer nicht, weil er keine konkrete Straftat ankündigt, er stalkt sie nicht, denn die Nachrichten kamen einmalig, und »du dreckige Bitch« kann nicht einmal als Beleidigung gewertet werden, wenn er die Nachrichten privat an sie verschickt, denn für eine Beleidigung bräuchte es eine Öffentlichkeit.

Die sozialen Netzwerke interessiert das kaum: Einzelne Kommentare werden gelöscht, die Accounts selbst so gut wie nie und höchstens für ein paar Tage geblockt. Und so bleibt es auch online ein Kampf gegen Windmühlen. Man meldet Tweet für Tweet, Kommentar für Kommentar, Vergewaltigungswunsch für Vergewaltigungswunsch. Wenn es sich um Direktnachrichten handelt, interessiert es die Unternehmen noch weniger: »Bei 1:1-Kommunikation auf Messenger können wir nichts machen, das ist ja so wie eine SMS«, erklärte mir ein Pressesprecher bei Facebook, als ich ihm den Screenshot einer Nachricht geschickt hatte, in der ein User schrieb, er werde mich vergewaltigen. So werden Frauen aus der Öffentlichkeit gedrängt und ihnen ihre Stimmen genommen. Mit Unterstützung der Unternehmen, die ihnen eigentlich die Möglichkeit geben sollten, Öffentlichkeit zu erlangen. »Stand with women around the world« erklärte Twitter medienwirksam. Es war ein Lippenbekenntnis, das mit der Realität wenig zu tun hat: 75 Prozent der Frauen und Mädchen geben an, Gewalt als Antwort auf veröffentlichte Meinungen im Netz zu erwarten. Betroffene berichteten unter anderem von Schlafstörungen, Angst, Panikattacken und Selbstzensur. Wir müssen uns anhören, dass wir dick sind und hässlich, dass wir es nicht wert wären zu leben, dass man uns den Uterus herausschneiden sollte, uns richten, uns ficken, bis es nur noch unsere sterblichen Überreste sind, die gefickt werden, dass man uns in früheren Jahren erschossen hätte, und dass man es noch tun sollte. Und die Accounts bleiben online, die Verfasser werden nicht belangt und denen, die die Nachrichten bekommen, werden kaum Werkzeuge in die Hand gegeben, um entschieden dagegen vorzugehen.

Das Sex-Ding zuerst und der Mensch an zweiter Stelle

Die Comedienne und Schriftstellerin Lindy West löschte nach fünf Jahren ihren Twitter-Account aufgrund der Nachrichten und Tweets, die sie dort täglich lesen musste. »It is unusable for anyone but trolls, robots and dictators«, schrieb sie im *Guardian* wenige Stunden, nachdem sie ihren Account gelöscht hatte. West wollte sich dem Hass, der ihr täglich entgegenschlug, nicht mehr aussetzen und kritisierte die Tatenlosigkeit der Plattform: Es seien nicht die Trolle, die sie zum Gehen bewegt hätten, sondern die Tatsache, dass Twitter sich weigere, sie zu stoppen. Dass sie ihren Account löschte, ist nachvollziehbar. Gleichzeitig gab sie dadurch genau denen, die die Kommentare geschrieben hatten, das, was sie wollten: Das Verstummen der Stimme einer starken Frau – zum Glück nur auf einem von vielen Kanälen.

In ihrem Buch *Shrill* geht sie auf die Argumentation ein, Hassnachrichten hätten nichts mit dem Geschlecht zu tun: »Natürlich sind diese Nachrichten geschlechtspezifisch. Sie sexualisieren mich, weil sie wollen, dass ich mich unwohl fühle, weil sie mein Publikum, meine Kollegen und meine Kritiker daran erinnern wollen, dass ich in erster Linie ein Sex-Ding bin und mein Menschsein sekundär ist.« In der ARD konnte man im April 2018 Einblick in die Welt gewinnen, in der sich die bewegen, die Menschen online gezielt zum Schweigen bringen möchten: die rechtsextreme Gruppe »Reconquista Germanica« (Rückeroberung Deutschlands). Im Messengerdienst Discord tauscht man sich aus, sammelt Medienberichte, bastelt Memes, die die Mitglieder in den sozialen Medien verbreiten sollen und gibt »Tagesbefehle« aus, in denen Mitglieder meist aufgerufen werden, mit zahlreichen Fake-Accounts Hashtags oder Memes zu verbreiten oder gezielt auf bestimmte Menschen loszugehen. Dabei soll es nicht darum gehen, jemanden zu überzeugen, sondern zu demütigen und zu beleidigen. Durch die unzähligen Fake-Accounts, in denen sich die Rechten am liebsten als Frauen oder Flüchtlinge ausgeben, macht es den Anschein, es handle sich um eine große Masse – tatsächlich agieren einige wenige. In Handbüchern wird etwa die Anweisung gegeben, sich Opfer auszusuchen, die man für verwundbar halte und »den Fick aus ihnen heraus« zu trollen. »Klassische Opfer« seien »junge Frauen, die direkt von der Uni kommen.« Denn die könne

Jede Kultur, die allzu ausschließlich von einem Geschlecht bestimmt wird, ist einseitig und unvollkommen.

– Helene Stöcker

man »ziemlich einfach auseinandernehmen«. Solange wird es vermutlich auch Menschen geben, die alles dafür tun, damit sie stumm bleiben.

Das Gewaltempfinden ändert sich

Was als Gewalt empfunden wird, wandelt sich mit der Veränderung gesellschaftlicher Normen und Traditionen und der Anpassung entsprechender Gesetze. So war es zum Beispiel alles andere als selbstverständlich, dass etwa Vergewaltigung in der Ehe in Deutschland und Österreich unter Strafe gestellt wurde. Das Verbot wurde in den 1980ern heftig diskutiert. In Österreich bedurfte es einer mehrjährigen intensiven Diskussion, bis die Forderung nach einer strengeren Bestrafung bei einer Vergewaltigung der Ehefrau mehrheitsfähig wurde – »auch in ihrer eigenen Partei«, schrieb die ehemalige SPÖ-Frauenministerin Johanna Dohnal Jahre später. Der damalige Generalsekretär der ÖVP, Michael Graff, sagte etwa in einem Interview, es gäbe Wichtigeres als Vergewaltigung, ein Verbot wäre eine Gefahr für die Institution Ehe.

Auch in Deutschland sahen Konservative ein Verbot als Bedrohung des Bundes fürs Leben, Liberale sahen eine zu große Einmischung des Staates ins Private. Erst Mitte der 1960er hatte der Bundesgerichtshof noch geurteilt, die Frau genüge »ihren ehelichen Pflichten nicht schon damit, daß sie die Beiwohnung teilnahmslos geschehen lässt. Wenn es ihr infolge ihrer Veranlagung oder aus anderen Gründen, zu denen die Unwissenheit der Eheleute gehören kann, versagt bleibt, im ehelichen Verkehr Befriedigung zu finden, so fordert die Ehe von ihr doch eine Gewährung in ehelicher Zuneigung und Opferbereitschaft und verbietet es, Gleichgültigkeit oder Widerwillen zur Schau zu tragen.«

Im Mai 1983 hielt die Abgeordnete der Grünen, Waltraud Schoppe, im deutschen Bundestag eine Rede zum Thema: »Wir fordern die Bestrafung bei Vergewaltigung in der Ehe. Wir fordern Sie auf, endlich zur Kenntnis zu nehmen, dass auch die Frauen ein Selbstbestimmungsrecht haben über ihren Körper und ihr Leben. Wir fordern Sie alle auf, den alltäglichen Sexismus hier im Parlament einzustellen.« Die Reaktionen waren ernüchternd, andere Abgeordnete, hauptsächlich Männer, lachten laut, klopften sich auf die Schenkel und riefen Dinge wie »Du willst es doch nur besorgt bekommen!«

Im Juli 1989 trat die Reform in Österreich und Deutschland schließlich in Kraft. Dank der Frauen, die jahrelang darauf beharrt, sich dieser Demütigungen ausgesetzt und schlussendlich standgehalten hatten. Viele meiner Freundinnen und Freunde hätten noch durch eine Vergewaltigung gezeugt werden können – und

Jedes Mal, wenn ein Mann mir sagt, ich soll aufhören, wegen Feminismus herumzuheulen, will ich ihm sagen: »Nach dir.«

– Aparna Nancherla (@aparnapkin) auf Twitter, 20. Oktober 2017 das Recht wäre nicht auf der Seite ihrer Mütter gestanden.

Die Debatte über Gewalt online kann also so lange nicht vorbei sein, bis sie dazu geführt hat, dass diese Form von Gewalt auch als solche erkannt wird. Denn das Internet ist kein gesonderter Raum, in dem andere Gesetze zu gelten haben. Vergewaltigungsandrohungen sind auch hier Gewalt, keine Unmutsäußerungen. Und das auch so zu benennen ist wichtig, denn »etwas als Gewalt zu bezeichnen, bedeutet, es als illegitim zu markieren«, schreibt die Soziologin Michaela Christ.

Und bis dahin müssen wir es vielleicht so sehen: Das, womit Menschen, die aufgrund von Geschlecht, Sexualität, Hautfarbe, Herkunft und allen anderen Möglichkeiten, von einer herbeifantasierten Norm abzuweichen, tagtäglich konfrontiert sind, ist die tagtägliche Bestätigung, dass Rufe nach Gleichstellung nicht überzogen, hysterisch, unverhältnismäßig sind. Die, die das behaupten, liefern gerade durch ihr Verhalten den Beweis, der sie widerlegt – wie die Journalistin Helen Lewis einmal auf Twitter schrieb: »the comments on any article about feminism justify feminism.«

5

Kaufland Dresden
Peschelstr. 33
01139 Dresden

LEERGUTBON

Bon-Nr. 2006

Anz.	Beze [illegible]		Pfand
	Mehrweg:		
5	Flasche/n	0.15	0.75
7	Flasche/n	0.08	0.56
	Einweg:		
3	Flasche/n	0.25	0.75

Summe: 2.06€

9610545880800440800803298 4

Tomra 820
606657-90160001-08401-00
20:09 22-JAN-2022

MACHT
UND
GEWALT

Auf einmal erzählt der sechzigjährige Mann von den vielen Frauen, denen er tagtäglich widerstehen muss. Ich verstehe schon, weshalb er gerade redet: Er möchte die Stille unterbrechen. Aber ich verstehe nicht, wie er auf die Idee kommen kann, dass es angebracht wäre, mir in dieser Situation von unwiderstehlichen Frauen zu erzählen. Nicht unbedingt, weil ich gerade halbnackt vor ihm sitze, sondern weil der Mann mein Frauenarzt ist. Er erzählt, dass er mit seinen sechzig Jahren für den Großteil seiner Patientinnen leider viel zu alt und seine Frau manchmal eifersüchtig sei, aber bald ginge er in Pension, dann würde alles einfacher. Gerade heute Morgen wieder, da sei eine »junge Rassige hereingekommen«, atemberaubend. Ich nicke, sage »hm« und »aha«, schaue an die Decke und warte, bis er fertig ist. Als er meine Brust abtastet, schaue ich zur Seite, damit wir ja keinen Augenkontakt haben.

Aus einer alltäglichen Situation, in der ein Arzt untersucht, ob ich etwa Krebs habe, wird an diesem Tag eine Situation, in der ich nackt und mit gespreizten Beinen vor einem sechzigjährigen fremden Mann sitze. Bis heute ärgere ich mich über mich selbst, das damals zugelassen zu haben. Nachdem ich mich angezogen habe, schenkt er mir zum Abschied drei Monatspackungen meiner Pille. Ich freue mich, weil ich mir so 45 Euro spare.

Danach ekele ich mich vor dem Arzt und vor mir selbst und dem Haus und der Straße, an der ich manchmal vorbeigehe und mich immer nochmal ekele. Heute würde ich noch am Gynäkologenstuhl alle Frauen in meinem Leben vor diesem Mann warnen, aufspringen, ihm danach die drei Monatspackungen um die Ohren pfeffern. Zumindest ist es das, was ich mir heute einrede. Aber auch heute gerate ich noch oft in Situationen, in denen ich mich nicht traue, zu sagen, wenn mir etwas unangenehm ist. Wenn ein Mann, der so alt ist wie meine Mutter, fragt, ob wir einmal Essen gehen und mich ständig – wie nebenbei – an der Schulter, am Arm, an der Hüfte berührt, und ich einfach Ja sage, damit er mich in Ruhe lässt. Er nicht geht und ich noch seine Nummer aufschreibe mit dem Versprechen, mich zu melden, weil ich mich nicht traue, unfreundlich zu sein.

Jahre später lese ich mir online Bewertungen über diesen Arzt durch. Sie sind zu einem Großteil positiv und ich frage mich, ob viele Frauen einfach akzeptiert haben, dass solche Situationen Teil ihres Alltags sind und sie daher schlicht abwägen: Kassenarzt und trotzdem Wartezimmer mit verschiedenen Heften zur Auswahl und klassischer Musik, nicht zu lange Wartezeiten, manchmal drei Monatspackungen Pille gratis, und sich dafür gelegentlich unangebrachte Kommentare über die Unwiderstehlichkeit von

> Ich wünsche mir nicht, dass Frauen Macht über Männer haben, sondern über sich selbst.
>
> – Mary Wollstonecraft

Frauen anhören. Vielleicht ist das besser als der, bei dem man immer mindestens eine Stunde warten muss und so eine Stunde später in die Arbeit kommt.

Ich kenne ausschließlich Frauen, die sich einmal oder öfter in ihrem Leben in Situationen wie dieser wiedergefunden haben – beim Arzt, auf der Straße, im Büro. Manche haben mehr zu erzählen, andere weniger. Manche möchten nicht darüber sprechen, andere stundenlang. Freundinnen von mir wurde unter den Rock gegriffen, von ihnen wurde Sex gefordert, weil sie ja auch mit einem anderen Bekannten Sex hatten, Männer haben sich neben ihnen in der U-Bahn einen runtergeholt, im Bus, in Parks. Manche mussten das ansehen, als sie noch kleine Mädchen waren. Potentielle Arbeitgeber haben ihnen gesagt, sie sollen zu ihnen nach Hause kommen, Arbeitgeber haben ihnen geschrieben, dass Sex bei Krankheit heilen könne, ihnen wurde von Kollegen geraten, sie sollten sich hübscher anziehen, sie sollten doch kürzere Röcke für Treffen mit Kunden tragen. Arbeitgeber haben sie gefragt, ob sie schwanger seien und welcher der Kollegen dafür verantwortlich sei. Das sind nur die völlig alltäglichen Erlebnisse. Anderen taten Männer noch viel Schwerwiegenderes an.

Mir wurde von einem ehemaligen Chef gesagt, ich solle meine Brüste mehr zeigen und ein wenig abnehmen, dann würde er mit mir abends mal weggehen. Ich wollte nie mit ihm ausgehen und hatte auch nie eine dementsprechende Bemerkung gemacht. Ich fand den Mann ekelhaft – und zog trotzdem den tieferen Ausschnitt an, weil er es gewünscht hatte. Ich habe aus Angst nichts gesagt, weggesehen, und mich nicht getraut aufzustehen und auszusteigen, als mir zwei Männer in der U-Bahn immer wieder sagten, in Indien würde man mich vergewaltigen, töten und verbrennen. Ich habe nur kleinlaut »lieber nicht« gesagt, als ein Taxifahrer kurz vor dem Ziel anbot, mich gratis zu fahren, würde ich ihm meine Brüste zeigen. (Ein anderer Taxifahrer reagierte hingegen einmal ganz wunderbar: Er blieb stehen, als er sah, dass mir ein betrunkener Mann auf der Straße nachging, sagte, ich solle einsteigen, er würde mich nach Hause fahren. Die ganze Strecke schimpfte er kopfschüttelnd über diesen Mann und »solche Männer«.)

Mir wurden beim Fortgehen ganz nebenbei zwei Finger in den Mund gesteckt, ich wurde angespuckt, als ich einen Flirt ausschlug, Männer sind wortlos zu mir gekommen und haben an mir gerochen, mir wurde mit dem Handrücken auf den Hinterkopf geschlagen, ich hatte unzählige Arme plötzlich von hinten um mich geschlungen und Körper an mich gedrückt. Morgens im Bus hat ein Mann ganz nebenbei im Vorbeigehen den Arm ausgestreckt, um mir über den Körper zu streichen. Einer stellte sich

> Wenn Frauen auf misogynen Humor oder Vergewaltigungswitze negativ reagieren, sind sie »empfindlich« und werden als »Feministin« gebrandmarkt, ein Wort, das in letzter Zeit ein Sammelbegriff geworden ist für jede »Frau, die sich nicht verarschen lässt.«
>
> – Roxane Gay

im halb leeren Bus ganz nah zu mir, drückte seinen Körper an mich und atmete schwer – ich sagte nichts, weil mir die Situation noch viel unangenehmer gewesen wäre, wären andere Menschen auch noch darauf aufmerksam geworden. Einer stellte sich mir gegenüber und sagte, ich würde ihm heute noch einen blasen. Einer fragte, ob ich mit ihm nach Hause gehen wolle. Als ich ihm und seinem Freund den Mittelfinger zeigte, schrie er mir hinterher, ich sei eine Schlampe und er werde mich umbringen.

Selber schuld

Betroffenen, die sich nicht wehren, wird oft erklärt, dass dann eben sie selbst schuld seien. Oft ist es wesentlich sicherer und klüger, den Mittelfinger nicht zu zeigen und die Situation zu ignorieren. Denn die Versuche, sein verletztes Ego zu reparieren, führen oft nur dazu, dass der Mann schnell zu zeigen versucht, dass es doch er war, der abgelehnt hat oder eigentlich sowieso nie etwas von der Frau wollte und es ganz bestimmt nicht sie ist, die entschieden hat: »Du bist sowieso zu hässlich«, »Wie eingebildet bist du, dass du denkst, dass ich das wirklich wollte« oder eben: »Du Schlampe, ich bring dich um!« Diese Versuche, wieder die Oberhand zu bekommen, sind oft unangenehmer, schlimmer oder gefährlicher als jede noch so widerliche Anmache. Weil es einfacher ist, sagen wir also oft nicht Nein, sondern »das nächste Mal«, obwohl wir lieber »Nein« sagen würden. Wir sagen »heute nicht«, obwohl wir »Nein« meinen. Umschiffen höflich, weil uns diese Art von Kommunikation gelehrt wurde – egal, worum es geht.

Schon 1999 erklärten die Soziologin Celia Kitzinger und die Psychologin Hannah Frith das Problem der Annahme, ausschließlich das Wort »Nein« bedeute auch Ablehnung: »Es sollte nicht notwendig sein, dass eine Frau ›Nein‹ sagen muss, damit verstanden wird, dass sie keinen Sex möchte, und das Beharren auf diesem ›Sag' einfach Nein‹ könnte insofern kontraproduktiv sein, als dass es impliziert, dass andere Arten der Verweigerung (die nicht das Wort ›Nein‹ enthalten) nicht ausreichend sind.«

Die Erwartung, befriedigt zu werden und die Antwort darauf

Peggy Orenstein, Bestsellerautorin aus den USA, sprach über drei Jahre hinweg mit jungen Frauen zwischen 15 und 20 über Sexualität. Eine junge Studentin erzählte ihr, etwas, das sie aus unangenehmen Situationen retten würde, sei Oralsex: »Am Ende des Abends bläst du ihm halt einen, weil du nicht mit ihm schlafen willst und er aber erwartet, befriedigt zu werden. Wenn ich also will, dass er verschwindet und nicht will, dass irgendwas passiert …« Es ist ein tief verankertes Gefühl, einem Mann etwas zu schulden. In solchen Situationen schließlich doch »Nein« zu sagen, bedeutet oft, Reaktionen in Kauf nehmen zu müssen, die verletzen, die erniedrigen, die beleidigen. Lieber erniedrigen wir uns selbst.

Diese internalisierten Strukturen werden auch daher oft nicht bekämpft, weil viele gar nicht sehen, dass es sie überhaupt gibt. Weil wir internalisiert haben, dass der Mann der ist, der erobert, derjenige ist, der holt. Und dass wir geben. Dass es erotisch ist, wenn der Mann eine Frau beim Küssen an eine Wand drückt, dass er eine Frau an sich heranzieht, wenn er sie küssen möchte. Wenn sie nicht will, versuche es weiter. Erobere sie. Der Mann als das wilde Tier. Uns wurde beigebracht, dass es das ist, was der Mann will und daher auch das sein muss, was wir selbst zu wollen haben. Uns wurde beigebracht, dass übergriffiges Verhalten anziehend, dass übergriffiges Verhalten romantisch ist. Dass die Frau der passive Teil ist, die ist, die sich enthält, ziert, deren Moral und Sittsamkeit, deren Puritanismus idealisiert wird, zeigt genau das, was die, die dieses Denkmuster hochhalten, oft dementieren: dass Frauen und ihre Sexualität ganz hinten angereiht sind. Dass die Frau eben doch, gerade als sexuelles Wesen, nicht handelndes Subjekt ist. Sondern vielmehr Objekt der Begierde, das dem gibt, der sich holt. »Eine historische, konstruierte Form der Herrschaft stabilisiert das Machtgefälle durch erotische Aufladung«, schreibt der spanische Philosoph und Queer-Theoretiker Paul B. Preciado.

Zu glauben, man müsse Frauen einfach nur beibringen, »Nein« zu sagen, ist ein Trugschluss. Dabei wird nämlich davon ausgegangen, ein »Nein« würde befreien, ein »Nein« bedeute, keiner Gewalt ausgesetzt zu sein. Es gibt viele Situationen, in denen ein »Nein« vollkommen egal ist.
Frauen haben schmerzlich gelernt, dass Höflichkeit oder Schweigen, sogar ein Über-sich-ergehen-Lassen manchmal ungefährlicher und demnach sicherer sind.

2016 wurde in New York Tiarah Poyau auf der Straße erschossen, nachdem sie einem Mann gesagt hatte, er solle sie in Ruhe lassen.

Der 25-jährige Attentäter, der in Toronto im Frühling 2018 zehn Menschen ermordete, soll ebenfalls aus Hass auf Frauen gehandelt haben, die ihn in der Vergangenheit zurückgewiesen hatten. Auf Facebook verfasste er kurz vor dem Attentat ein Posting, in dem er schrieb, die »Incel Rebellion« habe begonnen. »Incel« steht für »involuntary celibacy«, also »unfreiwillige Enthaltsamkeit«. Den Begriff hatte auch schon Elliot Rodger verwendet, der 2014 in Kalifornien sechs Menschen tötete. Auch er bezeichnete sich in einem Bekennervideo als »Incel« und »das wahre Alphamännchen« und erklärte, er wolle sich bei Frauen und der Menschheit dafür rächen. Er sei gezwungen gewesen, ein Leben voll von Zurückweisung und unerfülltem Begehren zu führen, weil Frauen ihm nie Zuneigung, Sex oder Liebe gegeben hatten; »Ich werde euch alle dafür bestrafen. Es ist eine Ungerechtigkeit, ein Verbrechen … Ich werde jede einzelne verzogene hochnäsige blonde Schlampe, die ich sehe, abschlachten … Es wird mir große Freude bereiten, euch alle abzuschlachten … Wenn ich euch nicht haben kann, Mädchen, werde ich euch zerstören … Ihr habt mir ein glückliches Leben verwehrt, und im Gegenzug nehme ich euch euer ganzes Leben. Das ist nur fair.« In einem 141-seitigen Manifest schrieb er außerdem, er könne nicht jede einzelne Frau dieser Welt töten, aber er werde die angreifen, die alles vertreten, was er am weiblichen Geschlecht hasse. Der Attentäter von Toronto, Alek Minassian, nannte ihn im Posting vor seiner Tat ein Paradebeispiel für einen Gentleman. In »Incel«-Foren posten User etwa Anleitungen, wie man die richtige Säure mischt, um Frauen damit zu entstellen. Andere fragen, welche Waffen User denn so besitzen. Die Foren sind voll von Rassismus, Frauenverachtung, Transfeindlichkeit, Gewalt. Feministinnen als das ultimative Feindbild, das es zu vernichten gelte, der Anschlag in Toronto sei erst der Anfang gewesen.

Kurze Zeit später, im Mai 2018, kam ein Schüler in Texas mit zwei Waffen seines Vaters in die Schule und schoss auf seine Klassenkameradinnen und -kameraden. Unter ihnen eine Schülerin, die der Amokläufer über Monate hinweg davon überzeugen wollte, mit ihm auszugehen. Die *Bild* sah die Schuld für den Amoklauf bei der getöteten Schülerin und titelte: »Mussten Schüler sterben, weil Shana kein Date wollte?«

Es sind Extremformen eines verbreiteten Verhaltens: Frauen werden dafür bestraft, dem Mann nicht zur Verfügung zu stehen. Nicht nur von den Tätern. »Es gibt diese erschreckend verbreitete Art von männlicher Gewalt gegen Frauen, mit dem Ziel, Sex zu erzwingen oder als Reaktion auf Zurückweisung«, schreibt der Biologe und Neurowissenschaftler Robert Sapolsky in seinem Buch *Behave: The Biology of Humans at Our Best and Worst*.

#metoo & Time's Up – eine Haltung nimmt Formen an

Das Ausmaß war den meisten lange nicht bewusst. Im Herbst 2017 änderte sich das: Startschuss war Anfang Oktober 2017 das Aufdecken etlicher Geschichten systematischen Missbrauchs durch den Hollywood-Produzenten Harvey Weinstein von *New York Times* und *New Yorker*.

Wenige Tage später rief die Schauspielerin Alyssa Milano Frauen in einem Tweet dazu auf, ihre Geschichten von sexuellen Übergriffen zu teilen. Inspiriert durch die Aktivistin Tarana Burke schlug sie den Hashtag #metoo vor, der schließlich über Nacht viral ging. »Auf Vorschlag einer Freundin: ›Wenn alle Frauen, die sexuell belästigt oder missbraucht wurden, ›me too‹ als Status posten würden, könnten wir den Leuten ein Gefühl für das wahre Ausmaß des Problems geben‹«. Als Milano am darauffolgenden Morgen sah, dass der Hashtag innerhalb weniger Stunden von mehr als 30.000 Menschen benutzt worden war, brach sie in Tränen aus. Laut *Time* erschien der Begriff eine Woche später in 85 Ländern. Alyssa Milano setzte damit den Startschuss für eine Frauenbewegung, die, beginnend in den USA, über die Grenzen hinweg, tatsächlich genau das aufzeigte, was sie aufzeigen sollte: das enorme Ausmaß dieses Problems. Eines globalen Herrschaftsverhältnisses nämlich, in dem Frauen systematisch klein gehalten werden. Was aus heutiger Sicht von #metoo blieb? Das Bewusstsein, dass solche Geschichten keine Einzelfälle sind. Die Erkenntnis, dass Taten Konsequenzen haben können – auch für die, die sich für unantastbar halten. #metoo führte über Nacht zu einer weltweiten Auseinandersetzung mit globalen Herrschaftsverhältnissen zwischen Männern und Frauen.

#metoo hat einige der ganz Großen zu Fall gebracht. Und das, weil andere ganz Große gesprochen haben. Das ist

Wir sind alle in einer Kultur aufgewachsen, in der Frauenkörper ständig objektifiziert werden … Ein menschliches Wesen in ein Objekt zu verwandeln ist der erste Schritt, Gewalt gegen diese Person zu rechtfertigen.

– Jean Kilbourne

ein wichtiger Punkt: Beide Gruppen, Täter wie Betroffene, waren zu Beginn zu einem großen Teil Menschen, zu denen andere aufblickten, Menschen, mit denen sich andere identifizierten. Betroffene hatten Vorbilder, die Ähnliches erlebt hatten und darüber sprachen und sahen, dass es okay war, darüber zu sprechen. Dass betroffen zu sein nicht bedeutet, schwach zu sein. Dass die Ursachen vielmehr bei den Tätern zu suchen sind. Und zu finden.

Doch eine wirkliche Debatte kann man das, was bei uns dann folgte, kaum nennen. Es war mehr ein Aufkommen immer neuer Erzählungen – oft von Frauen, die (zu Recht) nicht mit ihren Namen oder Gesichtern in die Medien wollten und über Männer, die die Frauen nicht in die Öffentlichkeit zerren wollten. Es war eine Reihe unsäglicher Geschichten, die lächerlich gemacht wurden, als Erfindungen oder Schrei nach Aufmerksamkeit abgetan. Wollte sich eine Frau nicht öffentlich der Schikane stellen, wurde der Wahrheitsgehalt ihrer Geschichte angezweifelt. Man sprach von Hetze, Hexenjagd, Hysterie. Die Vorwürfe sexueller Belästigung könnten Männer ruinieren und Frauen würden so welche erfinden, um jene loszuwerden, die ihnen nicht in den Kram passten, erklärten einige (Männer). Dass die Vorwürfe sexueller Belästigung tatsächlich Karrieren ruinieren könnten, ist richtig. So wie sexuelle Belästigung auch Karrieren von Betroffenen ruinieren kann. Belästiger können aber auch Präsident der Vereinigten Staaten werden.

Während Täter und die, die dabei zusahen, versuchten, Betroffene zu diskreditieren, sie zum Schweigen zu bringen oder gar selbst zu Täterinnen zu machen, richteten Unternehmen Anlaufstellen ein, organisierten Workshops und ernannten Beauftragte. Sie räumten im Kopf auf wie auch auf dem Papier. In Hollywood riefen Schauspielerinnen, Regisseurinnen und Produzentinnen das Projekt »Time's Up« ins Leben, mit dem unter anderem Rechtsbeihilfe für betroffene Frauen finanziert, für mehr Geschlechtergleichheit in Filmstudios und Talentagenturen gesorgt werden soll und Gesetze forciert werden sollen, die Unternehmen für sexuelle Übergriffe am Arbeitsplatz zur Verantwortung ziehen. Die Initiative setzt sich nicht nur für Mitarbeiterinnen beim Film ein, sondern soll gerade auch weniger privilegierte Frauen unterstützen: Kellnerinnen, Arbeiterinnen, Hotelangestellte. US-amerikanische Filmstudios und Fernsehsender gründeten eine Kommission, die für mehr Sicherheit, Gerechtigkeit und Gleichberechtigung am Arbeitsplatz sorgen sollte – für Frauen, aber auch für Randgruppen. Schwedens Regierung verschärfte das Sexualstrafrecht, der französische Präsident kündigte eine Reihe von Gesetzesverschärfungen im Zusammenhang mit sexueller Gewalt an. Eine Haltung nahm Formen an.

Doch was #metoo ebenfalls hinterließ, war das ungute Gefühl, dass die *New York Times*, der *New Yorker*, viele Betroffene, eigentlich gar nichts aufgedeckt hatten. Was man im Oktober 2017 über Harvey Weinstein erfuhr, war nicht neu – die Branche sprach ganz offen darüber. Neu war allerdings, dass es nach Jahrzehnten nicht mehr toleriert wurde. Gwyneth Paltrow hatte schon 1998 in der *David Letterman-Show* erklärt, wenn man mit Weinstein zusammenarbeite, würde er dazu nötigen, »ein oder zwei Dinge zu tun«. Courtney Love hatte 2005 in einem Interview gesagt: »Wenn dich Harvey Weinstein zu einer Privatparty im Four Seasons einlädt, geh nicht.« Jenna, ein Charakter der Sitcom *30 Rock*, hatte 2012 in einer Folge gesagt: »Ich habe keine Angst vor irgendjemandem im Showgeschäft, ich habe den Geschlechtsverkehr mit Harvey Weinstein bei nicht weniger als drei Gelegenheiten abgelehnt – von fünf.« Als der Schauspieler Seth MacFarlane bei den Oscars 2013 die als beste Nebendarstellerin Nominierten angekündigt hatte, hatte er ergänzt: »Glückwunsch, ihr fünf Frauen müsst nicht länger so tun, als würdet ihr Harvey Weinstein attraktiv finden.« Der Journalist Jordan Sargent hatte es schon im Februar 2015, also mehr als zwei Jahre vor #metoo, in einem Artikel auf *Gawker* ganz offen angesprochen: »Während Geschichten über Harveys manipulative Schikane und gewalttätige Aggression weit verbreitet sind, tendieren Gerüchte über den mächtigen Produzenten, der sich seine Industriemacht für sexuelle Befriedigung zunutze macht – einvernehmlich oder sonst wie –, dazu, unausgesprochen zu bleiben, begrenzt auf gedämpftes Getuschel und schäbige Gerüchte-Blog-Kommentare«. Vierzig Jahre war Weinstein eine Größe in der Branche, bis nicht mehr hingenommen wurde, dass er Frauen sexuell belästigt und vergewaltigt.

Mit dem Sex ist es wie mit dem Laufen …

Dass es weitergehen konnte, obwohl alle davon wussten, überrascht nicht. Schuld ist unser relativierender Umgang mit sexueller Gewalt – und damit auch die Angst von Betroffenen, gehört zu werden, wenn sie sprechen. Doch wir sehen zu, sehen weg, tolerieren, nehmen in Kauf. Wir stützen, schützen, schweigen. Und wenn wir über sexuelle Gewalt sprechen, dann sind es oft Worte, die noch größeren Schaden anrichten. Wir sprechen über Begriffe, die das Wort Sex enthalten, oft als hätten sie etwas mit Sex zu tun. Sexismus, sexuelle Gewalt, sexuelle Belästigung. Eine Situation, in der sich jemand nimmt, der andere gezwungen wird, das zu geben, wird mit einer Freiwilligkeit und Einvernehmen gleichgesetzt. Dabei ist es wie mit dem Laufen: Es ist ein gewaltiger Unterschied, ob man spazieren geht, weil man Lust darauf hat, oder vor einem Bären um sein Leben rennt.

In der *Kronen Zeitung* solidarisierte sich Michael Jeannée, der immer wieder für ekelhaften, sexistischen, rassistischen Dreck zu haben ist und dem der österreichische Bundeskanzler zum Geburtstag gratuliert, mit Schauspieler Dustin Hoffman, dem vorgeworfen wurde, in den 1980ern wiederholt eine Siebzehnjährige belästigt zu haben. Jeannée bezeichnete Hoffman als »Opfer des absurden, grindigen, grotesken Weinstein-Fiebers« und schrieb, er freue sich, etwas mit Hoffman »gemeinsam« zu haben: Auch er habe eine siebzehnjährige Sekretärin mit wunderschönen Händen um eine Fußmassage gebeten.

Der Boulevard schrieb von »Sex-Vorwürfen«, »Sex-Belästigung«, »Sex-Skandal«, »Sex-Übergriffen und »Sex-Attacken«.

Das Blatt *Heute* nannte Weinstein mehrfach einen »Bad Boy«. Aber auch Qualitätsmedien verwendeten den Begriff »Sex« immer wieder synonym mit Vergewaltigung und Belästigung. Eine abenteuerliche Erklärung, wie solche Titel zustande kommen, bot Richard Schmitt, der Chefredakteur von *krone.at*. Im Zusammenhang mit den unterirdischen Nachrichten an die ehemalige Nationalratsabgeordnete der Grünen, Sigi Maurer, hatte man dort mit »Sex-Krimi« getitelt. Auf die Nachfrage der Journalistin Verena Bogner, wie man auf die Idee käme, dass der Fall etwas mit Sex oder Krimi zu tun habe, schrieb Schmitt: »Ein mutmaßlicher Dreckskerl begeht mutmaßlich den Straftatbestand der massiven SEXuellen Belästigung – das ist ein Straftatbestand, und ist somit KRIMInell.«

Die *Bild* schrieb über Harvey Weinstein, er sei jetzt in einer »Sex-Reha-Klink« und stellte die zynische Frage, ob »Hollywood jetzt keusch« werde. Keuschheit ist unter anderem eine sexuelle Abstinenz, ganz gewiss aber nicht ein Fehlen von sexueller Gewalt. Ich habe es schon einmal in einem Artikel im Sommer 2017 geschrieben: Ein Mann »überfällt« eine Frau – oder einen anderen Mann, ein Kind, eine nicht-binäre Person – nicht mit Sex. Er »attackiert« sie nicht mit Sex. Er »belästigt« sie nicht mit Sex. Er belästigt sie, er missbraucht sie, er vergewaltigt sie. Es ist wichtig, Dinge beim Namen zu nennen. Auch, wenn der Name schlechter in eine Headline passt (frei nach den Simpsons: »SEX! Now that I've got your attention, vote for Bart!«).

… und mit der sexuellen Belästigung wie mit dem Klimawandel

Der Begriff »Klimawandel« steht, vor allem im angloamerikanischen Raum, immer wieder in der Kritik: Die Formulierung Klimawandel vermittelt, es handle sich hier um etwas, gegen das man nichts tun könne. Das Klima wandle sich nun einmal. Der Begriff des Wandels suggeriert, etwas passiere einfach. Und das muss nicht einmal negativ, sondern kann durchaus auch positiv sein. Wandel sei passiv, etwas, bei dem man zusieht und selbst kein Verschulden hat. Der Begriff verharmlost, klammert aus, dass es einen Verursacher gibt. Er lässt uns zum Außenstehenden werden und nimmt uns aus der Verantwortung.

Ähnlich ist es, wenn etwa Diskriminierung gegen Frauen, sexuelle Belästigung gegen Frauen oder Gewalt gegen Frauen so bezeichnet werden. Wenn wir davon sprechen, wie viele Frauen belästigt werden und nicht davon, wie viele Männer belästigen. Wenn wir davon sprechen, wie viele Frauen schon von psychischer oder physischer und psychischer Gewalt betroffen waren oder immer noch sind und nicht davon, wie viele Männer schon einmal Gewalt ausgeübt haben.

Gewalt an Frauen ist immer Gewalt durch jemanden. Die Diskriminierung von Frauen ist immer die Diskriminierung durch jemanden. Der Journalist Julian Dörr beschrieb das Problem in der *Süddeutschen Zeitung*: »Die Formulierung ›Gewalt gegen Frauen‹ macht sexuelle Übergriffe und Diskriminierung zu einem Frauenproblem. Ein Problem, das Männer nichts angeht und aus dem sie sich besser raushalten. Das ist falsch. Denn sexuelle Gewalt ist sehr wohl ein Männerproblem. Weil

Rund 25 % der Frauen im Alter von 16 bis 85 Jahren haben Gewalt in der Beziehung erlebt.

– Quelle: Deutsches Bundesministerium für Senioren, Familien und Jugend

Gewalt gegen Frauen meist Gewalt von Männern ist. Weil überhaupt Gewalt meist von Männern ausgeht. Nicht nur gegen Frauen. Auch gegen andere Männer, gegen Kinder, gegen sich selbst.«

Doch darum ging es in der #metoo-Debatte viel zu selten. Man beschäftigte sich zwar endlich mit den Tätern, nur verdrehten viele – wie so oft – die Rollen: Täter wurden zu vermeintlichen Betroffenen, denn sie waren eben in einer anderen Zeit aufgewachsen, denn die Frauen hätten schließlich nicht »Nein« gesagt, denn eigentlich sei jeder nun Täter – man dürfe schließlich nichts mehr und das Berühren an der Schulter sei schon sexuelle Belästigung, sprich: durch eine nie derart dagewesene Prüderie von Feministinnen sei nun jeder Täter – und somit eigentlich niemand Täter.

»Sehr geehrte Frau Herbst, nicht einmal Komplimente machen darf man noch!«

Das erschütternde Unvermögen, den Unterschied zwischen dem Bekunden von Zuneigung, zwischen einem sich Annähern von zwei Personen und sexueller Belästigung oder gar Gewalt zu erkennen, war wohl immer schon ein Problem, nur wurde zu lange von niemandem verlangt, diesen Unterschied zu erkennen.

Dass es angeblich so schwierig sei, ihn zu erkennen, zeigt eines sehr deutlich: Dass nämlich vermeintlich überwundenes Verhalten, vermeintlich überwundene Strukturen, die gerade von jenen weggeredet werden, die sich mit dem Unterscheiden von Flirt und Belästigung schwertun, doch immer noch existieren. Dass nämlich die Frau der Befriedigung des Mannes dient.

Ein Mann schrieb mir einmal in einer Mail: »Sehr geehrte Frau Herbst, bezugnehmend auf Ihre Artikel und Podcast-Beiträge zum Thema Feminismus möchte ich Ihnen mitteilen, dass Sie zunehmend im Verdacht stehen, leider einer ultraextremen Splitterausrichtung zu folgen, die radikalen Hardcore-Extremfeminismus propagiert, der jegliches Flirten unmöglich macht.« Nun: Ich kenne niemanden, der Flirten unmöglich machen möchte und ich möchte versuchen, zu erklären, worum es vielen tatsächlich geht:

In einer anderen Situation hätte eine Aussage wie die des Frauenarztes zu Beginn dieses Kapitels ein Kompliment sein können. In dieser Situation führte sie dazu, dass ich jahrelang zu keinem männlichen Frauenarzt mehr ging. In einer anderen Situation wäre es vielleicht Flirten gewesen. In meinem Fall war es das klare Ausnutzen eines Abhängigkeitsverhältnisses. Der Unterschied ist vielen nicht bewusst, aber er ist wichtig: Im Laufe der #metoo-Debatte, die über Nacht zu einer weltweiten überkulturellen Auseinandersetzung mit globalen Herrschaftsverhältnissen zwischen Männern und Frauen führte, kamen vermehrt Fragen auf wie: Darf man einer Frau nicht einmal mehr sagen, dass man sie gut findet? Darf man sie nicht einmal mehr berühren? Darf man ihr nicht einmal mehr die Türe aufhalten? Frauen, die Vorfälle schilderten, wurde vorgeworfen, sie würden überreagieren, Männer wüssten ja jetzt gar nicht mehr, was sie tun dürften und was nicht. Wie so oft wurden Männer zu vermeintlichen Opfern, Betroffene zu Täterinnen, die Fragen führten am Kern der Debatte vorbei. Diskutiert wurde viel zu oft eine scheinbare Hilflosigkeit von Tätern und nicht die von Betroffenen.

Und in dieser Debatte ging es immer wieder um Fragen wie »Darf man keine Komplimente mehr machen?« Solche Fragen stehen stellvertretend für das Missverständnis, nämlich, dass Feministinnen verklemmte Männerhasserinnen seien, die am liebsten sämtliche Interaktion zwischen Männern und Frauen verbieten wollten. Dabei ist es ganz einfach: Grenzen verlaufen bei jeder Frau anders, Arbeitsverhältnis ist nicht gleich Arbeitsverhältnis und Machtverhältnis ist nicht gleich Machtverhältnis. Niemand hat jemals ein Verbot von Komplimenten gefordert.

In bestehenden Machtverhältnissen gibt es zwei elementare Probleme mit Komplimenten: Erstens sind es oft keine, häufig sind Komplimente nicht Ausdruck der Bewunderung, der Achtung. Oder des Respekts. Denn durch eine Bemerkung nimmt sich der, der sie macht, das Recht, die Macht, das Gegenüber überhaupt beurteilen zu dürfen. Komplimente dienen so also mehrfach nicht dazu, dem Gegenüber ein gutes Gefühl zu geben, sondern nur sich selbst. Einer Mitarbeiterin kann schnell gezeigt werden, dass sie *nur* eine Mitarbeiterin ist und keine Kollegin, dass es hier eine ganz klare Hierarchie gibt, indem man über sie urteilt, so klein und nebensächlich die Anmerkung auch scheinen mag. Man zeigt ihr ganz klar, wer die Macht hat, über den anderen zu urteilen – und wenn man sie nicht hat, nimmt man sie sich dadurch. Der Kollegin quer über den Meetingtisch zu sagen, dass ihre neue Haarfarbe gut aussieht, hat quer über den Meetingtisch nichts zu suchen, darüber sollte man nicht diskutieren müssen. Und vielleicht ist es der Kollegin auch egal, wie der Chef ihre neue Haarfarbe findet. Vielleicht will die Kollegin nicht wissen, dass sie dem Chef gefällt.

Zweitens: Oft ist ein Kompliment schlicht und einfach das Bekunden sexuellen Interesses. Das kann unangenehm und auch schwer abzulehnen sein. Manche Frauen möchten einfach nicht wissen, wenn der Chef Sex mit ihnen haben möchte, und viele Frauen sind nicht in der Position, wiederholt Anmachen abzulehnen. Gekränkte Männeregos können zerstörerische Kräfte entwickeln, die man ihnen nie zugetraut hätte. Also entscheiden sich

Wer sich vom Feminismus beim Flirten verunsichern lässt, war auch vorher schon zu dumm dazu.

– Margarete Stokowski

viele dazu, zu ertragen und zu schweigen. Die Folgen sexueller Belästigung sind mittlerweile belegt: Stress, Angst, psychosomatische Beschwerden, Alkoholmissbrauch oder psychische Störungen wie Depression oder Essstörungen.

Aus einer privilegierten Position heraus lässt sich leicht sagen, Frauen sollten sich doch einfach wehren. Sollten einfach Nein sagen, Angebote ausschlagen, Kollegen, Vorgesetzte oder Fremde zurechtweisen. Zwei wesentliche Aspekte werden dabei aber außer Acht gelassen: Es ist nicht jedem Menschen möglich, sich zu wehren, laut zu sein, mutig und klar, die Konsequenzen eines Neins zu ertragen – aus Angst, aus Scham, aufgrund von Erfahrungen. Nicht jede Mitarbeiterin kann sich Konsequenzen erlauben: Wer auf einen Beruf angewiesen ist, wird versuchen, die Beziehung zum Chef nicht zu strapazieren und wenn das bedeutet, dass man deswegen etwas über sich ergehen lassen muss, das einem mindestens unangenehm ist, nimmt man eben auch das in Kauf.

Weil man muss. Eine Studie, die im Auftrag des Deutschen Bundesministeriums für Familie, Senioren, Frauen und Jugend durchgeführt wurde, belegt das: Frauen sind im Berufsleben überdurchschnittlich oft von sexueller Belästigung betroffen, wenn sie keine berufliche Qualifikation oder Ausbildung aufweisen können oder wenn sie erst kurze Zeit in einem Unternehmen sind. Sprich: Meist werden in Situationen, in denen »geflirtet« wird, in Situationen, in denen jemand »ein Kompliment« macht, Macht- und Abhängigkeitsverhältnisse ausgenutzt. Man hat sich, gerade als Führungsperson, an gewisse Regeln zu halten. Und man hat damit zu rechnen, dass es Konsequenzen haben kann, wenn man diese Regeln nicht befolgt. Nicht Betroffene zerstören Karrieren. Täter zerstören Karrieren.

Im Privaten gibt es ein ähnliches Problem mit Komplimenten. Auch hier sind es oft keine: Ein Hinterherpfeifen, eine untergriffige Aussage über gewisse Körperteile, eine unangebrachte Berührung durch einen Fremden haben noch in den seltensten Fällen zu so etwas wie Flirten, Sex, einer Beziehung geführt und das ist Männern bewusst. Jemand, der aus einem vorbeifahrenden Auto »Geile Titten« ruft, möchte dich nicht zum Essen ausführen. »Geile Titten« ist in diesem Kontext kein Kompliment, es ist vielmehr eine Demütigung. Ein Urteil durch einen Fremden, so laut und so öffentlich, dass es vielleicht auch noch viele andere hören. Frau, wisse wo dein Platz ist. Er ist nicht hier auf der Straße.

Manchmal ist es ein In-die-Schranken-Weisen, manchmal ist es ein Einschüchtern, ein Beschämen, manchmal ist es ein Angst-Einjagen, um sich selbst groß zu fühlen. Es ist nicht einfach, den Mut zu finden, sich

In Deutschland und Österreich sind durchschnittlich knapp 90 % der Opfer sexueller Übergriffe Frauen.

– Quellen: Gender Index 2017, Polizeiliche Kriminalstatistik 2017 nicht in die Schranken weisen zu lassen (und man muss auch manchmal hinnehmen, dass es besser ist, nichts zu sagen). Aber es kann riesigen Spaß machen, wenn man es tut.

Komplimente und sexuelle Belästigung haben nichts miteinander zu tun. Das eine ist wohlwollend und zugewandt, das andere ist ein Übergriff. Beim einen geht es darum, dass es dem Gegenüber gut geht. Beim anderen geht es darum, dass es mir selbst gut geht. Das eine tue ich für das Gegenüber, das andere tue ich für mich.

#metoo hat gezeigt, dass die Debatte viel zu spät ansetzt – nämlich da, wo schon jemand zu weit gegangen ist. #metoo hat gezeigt, dass wir wesentlich grundsätzlicher diskutieren müssen. Dass wir darüber sprechen müssen, was Frauen und Männer unter »Einverständnis« verstehen – und wie wir diese beiden Verständnisse zusammenbringen können.

6

PORNOGRAFIE: WIE DIE MASCHINEN

Das mit der Einvernehmlichkeit ist so eine Sache. Man klicke sich durch eine beliebige Pornoseite, für die man nichts bezahlt. Sie ist im Internet abrufbar und unter den ersten Google-Ergebnissen, sucht jemand schlicht nach »Porno«.

»Abuse Me: Teen Tied Up and Treated Like a Whore!«

[»Missbrauche mich: Jugendliche gefesselt und wie eine Hure behandelt!«]

»Stepdad joins her on Webcam«

[»Stiefvater schließt sich ihr vor der Webcam an«]: Ein junges Mädchen masturbiert vor einer Kamera. Aus dem Nichts kommt ein Mann und steckt ihr seinen Penis in den Mund.

»Latina Teen gets smashed by her step brother«

[»Latino-Jugendliche wird von ihrem Stiefbruder zerschmettert«]

»Dirty Black Slut fucks Shop Owner for Cash«

[»Dreckige schwarze Hure fickt Ladenbesitzer für Geld«]: Sie braucht Geld, er bietet es ihr an, möchte dafür Sex und den auch filmen. Sie sagt Nein, lässt es dann widerwillig über sich ergehen.

»Painful anal but pleasure female orgasms«

[»Schmerzhafter Analverkehr, aber genussvolle weibliche Orgasmen«]

»Cheating slut caught! Blackmailed for a turn at her tight little pussy«

[»Betrügerische Schlampe gefasst! Erpresst für eine Runde in ihrer engen kleinen Muschi«]

»Shoplifters«

[»Ladendiebinnen«]: Zwei Mädchen werden beim Stehlen erwischt. Der Security ist verpixelt und zwingt die Mädchen zum Sex. Sie sehen sich angewidert an. Er drückt eine der beiden aggressiv nach vorne, zieht sie aus, schlägt sie wiederholt. Sie muss sich auf seinen Schoß setzen, das andere Mädchen sieht angewidert zu. Dann ist die zweite an der Reihe. Er zieht sie aus, fasst ihr zwischen die Beine. Ihr verdient das, sagt er immer wieder, weil ihr gestohlen habt. 18-jährige Mädchen wie ihr, glaubt, ihr könnt euch aus der Schule schleichen und stehlen. Habt ihr gedacht, das merkt niemand? Das ist doch, was ihr wollt, sagt er immer wieder. Sie antworten jedes Mal mit Nein. Er droht mit der Polizei. Dann bindet er sie zusammen, hat Sex mit beiden, eine beginnt zu weinen, die andere ist völlig apathisch. Als er kommt, müssen sich beide hinknien, er kommt auf ihre Gesichter.

Ein Großteil des Massenprodukts Porno von heute hat eine Gemeinsamkeit: eine (vermeintliche) Unfreiwilligkeit der darstellenden Frauen. Eine Frau bewirbt sich, aber den Job bekommt sie nur, wenn sie dem Mann, der das Bewerbungsgespräch führt, einen bläst. Sie fährt mit dem Taxi, hat das Geld vergessen und kann das nur ausgleichen, indem der Taxifahrer mit ihr machen kann, was er möchte. Der Lehrer erwischt sie dabei, wie sie bei ihrer Schularbeit schummelt, und sie kann ihre Note nur retten, wenn er sie von hinten auf dem Lehrerpult nehmen kann. Sie hat kein Geld für den Handwerker und muss mit ihrem Körper dafür zahlen, damit er nicht die Polizei ruft. Ein alter Mann hat Gefallen an einem jungen Mädchen gefunden und schleicht sich zu ihr ins Bett. Sie lässt es über sich ergehen, nachdem sie ein paar Mal Nein gesagt hat.

Und dann kommt der magisch illusorische Sinneswandel: Die Frau, die gerade noch zu einem Blowjob gezwungen wurde, gibt ihn auf einmal freiwillig. Die Stieftochter, die gerade noch gezeigt hat, wie sehr sie sich ekelt, empfindet auf einmal Lust. Die Frau, die den Handwerker nicht zahlen kann, hat einen Orgasmus. Der Teenager, der gerade noch bei jedem Schlag ins Gesicht zusammengezuckt ist, fordert auf einmal, geschlagen zu werden.

Das hinterlässt ein grauenhaftes Bild: Dass Frauen Sex haben wollen, auch wenn sie ihm anfangs nicht zugestimmt haben. Dass man sie vielleicht einfach nur zu ihrem »Glück« zwingen muss. Auch wenn sie Nein sagen: Sie meinen es nicht so. Und Frauen wird gezeigt, dass es ihnen schon irgendwann gefallen wird, auch wenn sie es eigentlich nie wollten. Füge dich einfach, lass mit dir machen. Wenn er dich schlagen, beschimpfen, erniedrigen möchte, dann kann er das auch. Und so schrecklich du es finden magst, so schlimm es zu Beginn zu sein scheint, so groß der Ekel, die Abneigung, die Schmerzen, die Angst auch sein mögen: Irgendwann wird es dir gefallen. Und wenn nicht: Du bist das Mittel zum Ziel.

Knapp 90 Prozent der meist konsumierten Pornos enthalten mehr der weniger explizite körperliche und / oder verbale Gewalt gegen Frauen.

»Das Glück des Mannes heißt: Ich will.
Das Glück des Weibes heißt: Er will.«

Das Zitat von Friedrich Nietzsches *Zarathustra* wurde über hundert Jahre später in einer Studie bestätigt. Denn eine Umfrage unter US-amerikanischen Studentinnen und Studenten zeigte Folgendes: Frauen messen ihre sexuelle Zufriedenheit an der Befriedigung des Partners; heterosexuelle Männer messen ihre sexuelle Zufriedenheit an der Befriedigung ihrer selbst.

Die weibliche Sexualität war immer schon die Ergänzung der männlichen, noch Ende der 1940er schrieb Simone de Beauvoir von der Abhängigkeit der weiblichen von der männlichen Libido. Ende der 1960er rief man schließlich nach Ausbruch, Veränderung, Freiheit, nach der Lust um der Lust willen. Die weibliche Sexualität sollte unabhängig sein, selbstbestimmt, aus sich selbst heraus. Diese Revolution und die durch sie gebrochenen Tabus bedeuteten auch, dass sich Sex und Körper massentauglich vermarkten ließen; Magazine wie *Playboy* und *Penthouse* boomten – Frauen zeigten sich als »Bunnys« und »Pets«. In den 1970ern wurde in den USA sogar vor Gericht über den weiblichen Orgasmus gestritten. Der Film *Deep Throat* beschäftigte sich unter anderem mit dem klitoralen Orgasmus. In einem darauffolgenden Gerichtsverfahren fragte einer der Richter, was das denn sei. Es war kaum vorstellbar, dass eine Frau einen Orgasmus haben konnte, ohne dass ein Mann beteiligt war. »Eine Frau, die diesen Film sieht, könnte denken, dass es völlig gesund und völlig normal sei, einen klitorialen Orgasmus zu haben«, erklärte der Staatsanwalt, und ergänzte: »Sie hat unrecht.«

Produktion und Konsum von Pornofilmen waren ab den 1970ern nicht mehr gesetzlich verboten und mussten nicht mehr im Untergrund gedreht werden – was sie schnell zu einem Massenprodukt werden ließ. Was ein Befreiungsschlag gegen die Prüderie der vorhergegangenen Generationen war, emanzipierte die weibliche Sexualität nur bedingt. Auch heute ist sie vielmehr das, was die männliche von ihr einfordert. Und was sie einfordert, ist nicht nur erniedrigend, sondern äußerst unoriginell.

Ein Zitat der Aktivistin, Anwältin und Professorin für Rechtswissenschaft, Catharine A. MacKinnon, das sich ursprünglich nicht auf Pornografie bezog, sondern auf gesamtgesellschaftliche Machtverhältnisse, könnte die Blaupause für Drehbücher eines Großteils von Pornografie in bewegten Bildern sein: »Man fucks woman; subject verb object.«

Mindestens ein Mann und eine Frau treffen – aus welchen Gründen auch immer – zusammen. Der Mann penetriert die Frau in verschiedenen Stellungen und ejakuliert in ihr Gesicht. Ende. Der männliche Orgasmus stellt gleichzeitig den Höhe- und Schlusspunkt des Videos dar. Sex kommt aus dem Nichts und geht nur soweit, bis der Mann gekommen ist. Wenn es die Frau bis dahin nicht ist, beziehungsweise nicht so getan hat, als wäre sie es, schade für sie, denn alles, was passiert ist, war nur zu einem Zweck: dem Mann zum Orgasmus zu verhelfen. »Wie Maschinen« nennt es Rocco Siffredi, Darsteller in mehr als 600, Regisseur von mehr als 300 Pornos, der hauptsächlich in den 1990ern aktiv war.

Dem *Playboy* erklärte er, er habe Frauen beim Sex noch geküsst, an ihnen gerochen, sie angesehen. Heute verschwende man keine Energie mehr an so etwas wie Küssen oder Zärtlichkeit.

Das ist das Erste, das viele Kinder und Jugendliche – vor allem seit dem Aufkommen von Streaming-Seiten – über Sex lernen. Und die Industrie ist clever: Den ersten Kontakt mit Pornografie haben viele nicht, indem sie aktiv danach suchen. Sie bekommt neue Kundinnen und Kunden oft etwa von Seiten, auf denen Filme und Serien gestreamt werden können und sich ein Fenster öffnet mit Blick in die Unweiten der Pornografie.

Und dort haben die, die nicht einmal danach gesucht haben, Zugriff auf Inhalte, in denen Frauen geschlagen und gewürgt werden, in denen Frauen von Orks vergewaltigt werden, die minderjährige Nachbarin von fünf Einbrechern oder der Schüler von seiner Lehrerin. Videos, in denen Männer immer können und mit enormen Penissen Reaktionen in Frauen auslösen, die mit der Realität noch viel weniger zu tun haben als die Serie, die sie eigentlich gerade streamen wollten.

Massenmedium Pornografie

In gewisser Weise ist das nicht neu. Erotische Darstellungen und Erzählungen gab es immer schon: auf römischen Vasen, ägyptischen Papyrusrollen, in indischen Tempeln, in der griechischen Bildhauerei und Mythologie. Dort räkeln sich nackte Frauen und Männer, haben gleichgeschlechtlichen Sex oder Sex mit Tieren, mit Minderjährigen, in Gruppen oder zu zweit. Mit Fortpflanzung hatte das meist genauso wenig zu tun wie die Pornografie von heute.

Was heute anders ist: Sexualität war damals nicht zu trennen von Zuneigung, Liebe, Geist, Öffentlichkeit, Gesellschaft. Laszive Figuren in der Öffentlichkeit priesen kein neues Auto an, sie selbst waren die Gottheiten. Erotische Darstellungen waren oft mehr als nur das. Sie waren politisch: »Im Italien der Renaissance oder im vorrevolutionären Frankreich gab es eine akademische, eine philosophische Pornografie. Die größten Denker der Zeit schrieben obszöne Werke … Revolutionäre waren nicht selten auch Pornografen«, schreibt der Psychiater Volkmar Sigusch. Die *Sonetti lussuriosi* von Pietro Aretino etwa waren neben erotisch und obszön auch subversiv und äußerst politisch, weswegen versucht wurde, den Dichter und Gesellschaftskritiker der Renaissance aus dem Weg zu räumen und der nur knapp einem Attentat entkam, das von einem Vertrauten des Papstes in Auftrag gegeben worden sein soll. Vieles, das im 16. Jahrhundert noch undenkbar schien, vieles, das auch vor fünfzig Jahren noch undenkbar schien, löst heute höchstens ermüdete Reaktionen aus: schon ge-

Zu sagen, dass du keine Beziehung mit einer Feministin willst, ist eine simplere Art zu sagen, dass du dich davor fürchtest, mit einer Frau zusammenzusein, die erwartet, dass sie auch einen Orgasmus hat.

– Maura Quint (@behindyourback) auf Twitter, 8. September 2018

sehen, schon dazu masturbiert. Unser Alltag ist »von sexuellen Reizen ebenso gesättigt wie entleert.«

Die Auseinandersetzung mit Sexualität hat in der Öffentlichkeit nichts zu suchen. Sie ist etwas Schmutziges, das innerhalb der eigenen vier Wände stattzufinden hat. Niemand lehrt uns, darüber zu sprechen. Also konsumieren wir nur und verhalten uns nicht wie sexuelle Wesen, sondern vielmehr, wie wir glauben, uns als sexuelle Wesen verhalten zu müssen. Und so kann man vielleicht in Anlehnung an Niklas Luhmann sagen: »Was wir über unseren Sex, ja über die Sexualität, die wir leben, wissen, wissen wir durch die Mainstreampornografie.«

»Im Idealfall unrealistisch«

Nie haben Menschen ihre Sexualität in einem luft- und einflussleeren Raum entdeckt. Gäbe es keine Pornografie wie heute, wir bekämen trotzdem Bilder und Werte vermittelt, die unser Sexleben prägen würden. Das Problem ist also nicht, dass es Dinge gibt, die unser Sexleben beeinflussen, die gab es immer schon und wird es für immer geben, sondern dass Kinder und Jugendliche mit dem Input, der unweigerlich ein enormer ist, großteils alleine gelassen werden.

In ihrem Essay *We need to talk to our kids about porn* schreibt die

Regisseurin Erika Lust: »Er (der Mainstream-Porno) erhält die Idee aufrecht, dass Frauen als Lustobjekte ohne sexuelle Entscheidungsmacht existieren. Und dass Frauen jederzeit bereitwillig und unhinterfragt für Sex zur Verfügung stehen.« Eltern müssen verstehen, dass ihre Kinder, die noch nicht einmal legal Sex haben (und noch länger keine Pornos schauen) dürfen, Pornos konsumieren können, die missbrauchend, manipulierend und unrealistisch sind. »Was sie dabei lernen ist bestenfalls unrealistisch und schlechtestenfalls brutal rassistisch, sexistisch und homophob.«

Ein 17-Jähriger, der seinen ersten Porno mit zehn gesehen hatte, schrieb mir, als ich mehrere Jugendliche zu ihrem Porno-Konsum befragte, er habe einmal einen Porno gesehen, in dem ein Mann »mit einer sehr jungen Prostituierten in einem asiatischen Bordell alles andere als zärtlich verkehrte.« Die Frau sei kurz vor dem Weinen gewesen, er habe das Video gemeldet.

Joe Gallant, dessen Erotikfilme vielfach ausgezeichnet wurden, sagte schon 2011: »Ich sage es nicht gerne, aber ich denke, die Zukunft des amerikanischen Pornos ist Gewalt … unsere Kultur wird Gang-Rape-Movies und Missbrauchs-Filme viel bereitwilliger akzeptieren.« Für viele Forscherinnen und Forscher ist ein Begriff in Gallants Zitat ausschlaggebend: »Movies«. Sie sagen, dass es keine Anhaltspunkte gebe, die belegen würden, der Konsum von Pornografie beeinflusse das Verhalten von Kindern, Jugendlichen und Erwachsenen.

Für ihr Buch *Das beherrschte Geschlecht* interviewte die Psychotherapeutin Sandra Konrad den Hamburger Sozialwissenschaftler Gunter Schmidt: »Wir betreten die symbolische Welt«, erklärt er dort, »weil sie Erlebnisse ohne Kosten und Risiken verspricht, ohne Investitionen und ohne böse Folgen. Die beiden Sexwelten sind in vieler Hinsicht unabhängig voneinander und die reale soll keineswegs so sein wie die virtuelle.« Durch Pornos können wir ohne Konsequenzen ausleben, was wir in der Realität vielleicht gar nicht ausleben möchten.

Zahlreiche Studien belegen jedoch, dass es diese Konsequenzen sehr wohl gibt. Etwa dass sowohl männliche als auch weibliche Pornografiekonsumenten sexuelle Gewalt verharmlosen, milder über Vergewaltiger urteilten und für kürzere Haftstrafen plädierten. Schon Ende der 1980er fanden Forscher in einer weiteren Studie heraus, dass Teilnehmer, die intensiv Pornografie konsumierten, es für wahrscheinlicher hielten, selbst zu Vergewaltigern zu werden. Mitte der 1990er zeigte eine Metaanalyse, dass Pornografie ohne gewalttätige Inhalte Aggressivität senke, Hardcore-Pornografie ohne gewalttätige Inhalte und Pornografie mit gewalttätigen Inhalten hingegen die Aggressivität steigern. Andere Studien ergaben, dass Männer wie Frauen von pornografischen Inhalten erregt werden, die Macht, Zwang oder Gewalt beinhalten würden, dass die Studienteilnehmerinnen und -teilnehmer aber gleichzeitig angaben, diese Szenarien nicht selbst ausleben zu wollen.

In einer Twitter-Umfrage fragte ich Menschen, ob sie Inhalte ansehen, die sie in der Realität nicht anziehend fänden oder ausleben wollten. Mehr als 1.400 Menschen nahmen teil, ein Drittel sagte, es schaue keine derartigen Inhalte. Zwei Drittel gaben an, manchmal (52 Prozent) oder hauptsächlich (14 Prozent) Pornos mit Inhalten zu konsumieren, die sie in der Realität eigentlich nicht ausleben wollen. Knapp 1.100 beantworteten außerdem die Frage, ob sie sich nach dem Pornoschauen manchmal für das schämen würden, was sie sich angesehen hätten: mehr als die Hälfte bejahte diese Frage. Nichts ist anziehend, das nicht in einer anderen Situation ebenso abstoßend wäre. Mit einem anderen Menschen, an einem anderen Ort, in einem anderen Moment.

Eine Jugendliche, der ich zum Thema ein paar Fragen stellte, verglich Online-Pornografie mit Fantasy-Filmen, die wir schauen, um der Realität zu entkommen. Pornografie als etwas, das mit der Realität nichts zu tun hat.

Die deutsch-französische Schriftstellerin, Philosophin und Soziologin Isabelle Azoulay schrieb 1996 in ihrem Buch *Phantastische Abgründe*: das Zulassen des Verpönten in der Fantasie sei »eine Garantie für ziviles Verhalten«. Im Umkehrschluss: Würde es nicht zugelassen, könne das »zur Barbarei führen«.

Hunger und Konsequenz

Das Problem dabei ist: Geschieht der Pornokonsum zwar meist innerhalb der eigenen vier Wände und alleine, so wurde der Porno doch außerhalb dieser vier Wände produziert und die Menschen, die diese Fantasie darstellen, sind echt. Sprich: die eigene Fantasie zu bedienen kann bei unverantwortlichem Ausleben sehr wohl auf Kosten anderer gehen.

Denn auch hinter den Kulissen geht es auf den Sets oft gewalttätig und frauenverachtend zu. Im März 2018 sprachen zwei Darstellerinnen ausführlich darüber: In einem mehr als einstündigen Video erzählten die US-Amerikanerinnen Leigh Raven und Riley Nixon von Übergriffen durch einen Darsteller während eines Videodrehs. Sie waren nicht die ersten und sie werden auch nicht die letzten sein.

Vex Ashley, Pornoproduzentin und -darstellerin, erklärt, schlechte Bedingungen könnten auch oft schlicht bedeuten: »einen wirklich beschissen langen Tag; und das Geld, das du dafür bekommst, ist es eigentlich nicht wert; und der Typ, mit dem du arbeitest, ist nicht besonders nett; und sie sind total scharf auf Analsex und du hast eigentlich irgendwie gesagt, du willst keinen

Analsex, aber sie sind eben total scharf drauf für diese eine Szene; und du hast das Gefühl, du musst Ja sagen, obwohl du nicht wirklich willst.« Solange wir uns nicht für die Rechte derer interessieren, denen wir zusehen, wie sie Sex haben, damit wir selbst dadurch Befriedigung erlangen, solange werden lange Tage und Kollegen, die nicht sonderlich nett sind, nur ein kleiner Teil dessen sein, was rücksichtsloser Pornokonsum verursacht: Denn »an seinen Rändern generiert der Pornohunger Verbrechenstatbestände wie Vergewaltigung, Zwangsprostitution, Menschenhandel.«

Der Konsum von Pornografie ist längst in der Mitte der Gesellschaft angekommen, doch ein Großteil derer, die konsumiert werden, sind es nicht. Sie sind das dreckige Geheimnis, mit dem man sich dann beschäftigt, wenn man Befriedigung sucht und nur genauso lange und auf die man in der Sekunde, in der man es nicht mehr tut, herabblickt wegen ihrer Entscheidung, diesen Job gewählt zu haben.

Aber Pornografie hat uns eben eines gelehrt: Im Moment, in dem wir sie konsumieren, müssen wir uns um niemand anderen kümmern. Es ist kein anderer im Spiel, auf den es zu achten gilt, wir können vollkommen rücksichtslos und vermeintlich ohne Konsequenz allein auf die Befriedigung unserer Lust bedacht sein. Leider ist das falsch.

Wir haben als Gesellschaft immer Geschichten erzählt, Kunst geschaffen, jede Facette unseres menschlichen Erlebens erforscht und untersucht. Ich denke, das ist Teil dessen, was uns zu Menschen macht. Sex ist und sollte da in keinster Weise anders sein.

– Vex Ashley

Weder Ursprung noch Lösung allen Übels

Pornografie ist wie alles andere auf dieser Welt weder Ursprung noch Lösung allen Übels. Sie macht aus friedliebenden Männern keine Vergewaltiger, aus Vergewaltigern keine friedliebenden Männer, und sorgt weder für zivilisiertes Zusammenleben noch für politische Umstürze.

Unser Bild von Sexualität ist nicht mehr geprägt von Anstand und Sittlichkeit, die eigene Freiheit kann so weit gehen, solange sie nicht die Freiheit anderer einschränkt.

Doch die Ansichten darüber, was der Konsum dieser Massenware mit Kindern, Jugendlichen, Erwachsenen macht, sind so umstritten und widersprüchlich wie das Thema selbst: So berichten die einen von Erektionsstörungen und Libidoverlust aufgrund von einerseits virtueller Überbefriedigung und andererseits Versagensangst, während andere erklären, der Konsum von Pornografie würde den Sextrieb ins schier Unermessliche und Unkontrollierbare steigern. Pornografie löst auch in ihren Konsumentinnen und Konsumenten Widersprüchliches aus: völlige Kontrolle und Macht haben bei gleichzeitigem Ausgeliefersein. Sich holen können, aber nie ganz rankommen. Das Wissen, nichts falsch machen zu können und gleichzeitig die Angst, in der Realität zu versagen.

Sexualität ist für uns das, was wir in Pornos sehen, und der Druck enorm, das nicht erfüllen zu können. Dabei sind die Inhalte großteils ja viel unspannender als die Realität: »Heutzutage ist die Massenware Pornografie im Wesentlichen eine Orgie männlicher Gemeinplätze. Dummdreist und bar jeder subversiven Kraft kopulieren in ihr vor allem Klischees«, schreibt Volkmar Sigusch.

Dehnungsstreifen, Einvernehmlichkeit und Spaß

Filmemacherinnen wie Erika Lust oder Vex Ashley versuchen dem entgegenzuwirken. Ihnen geht es alles andere als darum, Pornografie zu verdammen, sondern sie neu zu denken. Der Begriff »Feministische Pornografie«, der ihrer Arbeit oft gegeben wird, lässt viele glauben, es sei Pornografie für Frauen. Aber es ist schlicht Porno, bei dem Menschen nicht ausgebeutet oder gedrängt werden, Dinge zu tun, die sie nicht tun möchten.

Den Filmemacherinnen geht es nicht darum, Machtspiele aus der Pornografie zu verbannen. Es geht darum, diese strukturelle Gewalt, in die Frauen hineingeboren werden, nicht zu (re-)produzieren. Es geht darum, dass Machtspiele einvernehmlich passieren. Im Einvernehmen derer, die die Fantasien verbildlichen. Was das Gehirn der Konsumenten am Endgerät schließlich daraus spinnt, ist Sache des individuellen Gehirns. Sie versuchen, alternative Bilder anzubieten. Alternative Rollenbilder und Körperbilder, die außerhalb der Branche alles andere als alternativ sind: Männer ohne Sixpack, Frauen mit Dehnungsstreifen und Narben. Man sieht den Darstellerinnen und Darstellern an, dass sie Spaß haben, man sieht, dass ihnen gefällt, was sie tun. Und dass Sex nicht gleich Penetration ist. Sex muss nicht aussehen, wie er im Großteil der Pornos eben aussieht. Körperteile müssen nicht aussehen, wie sie im Großteil der Pornos aussehen. Sexualität ist nicht gleich Sex, Sex ist nicht gleich Penetration.

Gratis ist nicht einmal das Wasser am Pornoset

Oberstes Gebot der Stunde ist, dass man für Pornografie bezahlen sollte. Wo für das Endprodukt nichts bezahlt wird, ist auch irgendjemand, der am Enstehungsprozess beteiligt war, nicht fair bezahlt worden. Dabei trifft es oft das schwächste Glied in der Kette, das zumeist die Darstellerinnen und Darsteller sind. Was sich allgemein sagen lässt: auf Tube-Seiten – also Seiten, die ähnlich aussehen wie YouTube – wie etwa YouPorn, PornTube, Pornhub oder RedTube – stellen Userinnen und User oft ursprünglich kostenpflichtiges Material zur Verfügung. Durch einen Besuch auf diesen Seiten verdienen die, die im Entstehungsprozess des Videos beteiligt waren, nichts.

Wo nachgefragt wird, wird geliefert. Und gefragt wird nach Pornografie, für die man nichts bezahlen muss – egal, auf wessen Kosten: 2017 wurden alleine auf Pornhub Videos hochgeladen, die – würde man sie alle nacheinander schauen – eine Länge von 68 Jahren hatten. Hätte jemand heute vor 68 Jahren begonnen, die nur im Jahr 2017 ausschließlich auf Pornhub hochgeladenen Videos zu schauen, er hätte es 19 Jahre vor der ersten Mondlandung getan, im Jahr, in dem Stevie Wonder geboren wurde und George Orwell starb, ein Jahr, nachdem Konrad Adenauer der erste Bundeskanzler der Bundesrepublik Deutschland wurde. 28,5 Milliarden Mal wurde die Seite im Jahr 2017 aufgerufen. Das ist die gesamte Weltbevölkerung mal vier – von der nur die Hälfte Internetzugang hat.

Doch nur, weil für Porno bezahlt wird, heißt es nicht automatisch, dass die Darstellerinnen und Darsteller gut behandelt wurden oder auch nur einen Cent von diesem Geld zu Gesicht bekommen haben. Dass ein Konzern Geld für sein Produkt verlangt, bedeutet nicht, dass alle in der Produktionskette Erfüllung in ihrem Job gefunden haben oder gar fair entlohnt wurden.

Die Professorin für Medienwissenschaften an der Londoner Middlesex University und Begründerin des Fachblatts *Porn Studies*, Feona Attwood, rät, nicht anders mit Pornografie umzugehen, nur weil es sich dabei um Sex handelt, sondern vielmehr an die Sache ranzugehen wie an andere Verbraucherthemen: Steht auf dem Video, woher es kommt? Ist angegeben, wer es produziert hat oder unter welchen Bedingungen es hergestellt wurde? Und spezifischer: Sind nur Männer am Entstehungsprozess beteiligt oder findet man auch hinter der Kamera Frauen verschiedener Hintergründe? Sind Produzentin oder Produzent, die Darstellerinnen und Darsteller anonym oder kann man andernorts mehr über sie, ihre Vision und Motivation, ihre Einstellung zu diesem Beruf, ihren Umgang mit Körper, Sex und Lust erfahren? »Wenn die Person, die den Porno macht, nicht stolz auf das ist, was er oder sie tut, stehen die Chancen gut, dass auch du nicht stolz drauf sein wirst, wenn du ihn ansiehst«, schreibt Erika Lust.

Seiten, die ohne Werbung zur Penisvergrößerung und schlechtes Gewissen besucht werden können sind etwa: *Dreams of Spanking* von Pandora Blake, *Urban Chick Supremacy Cell* von Mistress Tytania, *Make Love not Porn* von Cindy Gallop, *XConfessions* von Erika Lust, *a four chambered heart* von Vex Ashley oder *Pinklabel TV* von Shine Louise Houston.

Was mag ich, was nicht, wie finde ich es heraus und mit wem spreche ich darüber?

Eine Welt ohne Pornografie ist weder denkbar noch notwendig. Es gibt viele Darstellerinnen und Darsteller, Regisseurinnen und Regisseure, Produzentinnen und Produzenten, die diese Arbeit gerne machen und stolz darauf sind. Die Filme können genauso eine Möglichkeit zur Aufklärung und zum Entdecken und Fantasieren sein.

Es gilt, den Umgang mit Porno zu lernen wie eben den Umgang mit allem anderen auch, sodass er etwas ist, das befreit – und nicht beschränkt, Fantasie anregt und nicht zerstört, gemeinsame Lust steigert, nicht die von nur einem. »Das, was du im Porno siehst, musst du erst einmal wieder loswerden«, sagt Horst Stein, Künstler und sexualpädagogischer Moderator, der seit 20 Jahren Klassen besucht, um mit Schülern über Sexualität zu sprechen. Niemand hat gelernt, über Sexualität zu sprechen – auch Lehrerinnen und Lehrer nicht. Und allein die Biologie vermittelt zu bekommen, ist ein viel zu kleiner Teil des Spektrums.

Aufklärung passiert meist im Biologieunterricht, so auch bei mir: Gebärmutter, Hoden, Penis, Periode, HIV, Schwangerschaft. Die wichtigsten Begriffe werden geklärt, aber »Sex ist in den wenigsten Fällen ein Wissensproblem«, erklärt Horst Stein. »Das, was man wissen *muss*, ist relativ wenig. Aber es spielt sich ja größtenteils woanders ab. Das, was sich dann auf der Bedürfnis- oder Begehrensebene einstellt, ist nicht immer etwas, das man unter Kontrolle hat oder kognitiv steuern kann.« Und das Wissen beschränkt sich zusätzlich oft auf das, was in Pornos vermittelt wurde. »Viele können sich gar nicht vorstellen, was ein weiblicher Orgasmus sein könnte oder wie groß ein Penis ist. Ein Schüler sagte einmal, er glaube, ein Samenerguss wären so ein bis zwei Liter.« Zu einem großen Teil fehle den Schülern das Vokabular für Gefühle, er sei schon froh, wenn so etwas wie »Liebe« oder »Hass« komme. Viele sagen auch, sie hätten mit ihren Vätern noch nie über so etwas wie Gefühle gesprochen.

Aufklärung ist meist Prävention: Pass auf, dass du nicht schwanger wirst. Pass auf, dass du keine Geschlechtskrankheiten bekommst. Wenn du deine Tage bekommst, hast du folgende Optionen, damit umzugehen. »Aufklärungsunterricht für Mädchen ist oft auf Menstruation und Schwangerschaftsvermeidung beschränkt. Sie wird wohl in dem Glauben aufwachsen, dass ihr Sex zusteht, aber solange der Sexualkundeunterricht nicht auch ihr Recht auf Spaß und Genuss behandelt, ist es unwahrscheinlich, dass sie glauben wird, dass es ihr ebenso zusteht, den Sex zu genießen«, schreibt die Autorin Kasey Edwards. Die Psychologin Sara McClelland fand in einer Studie heraus, dass guter Sex für viele junge Frauen schlicht bedeute, dass sie dabei keine Schmerzen gehabt hätten.

Grenzen der Aufklärung

Gerade für jene, die sich nicht mit dem Geschlecht identifizieren, das ihnen bei ihrer Geburt zugeschrieben wurde, oder die, die sich nicht für Sex mit dem anderen Geschlecht interessieren – oder gar nicht für Sex interessieren –, fehlt es an Information durch Eltern oder Schule, und die, die Aufklärungsarbeit leisten wollen, werden oft daran gehindert. Unter anderem zu diesem Thema habe ich bei Jugendlichen und junge Erwachsenen nachgefragt – bei Wein und mit einer Online-Umfrage:

Eine Wiener Studentin erzählt von einer Schulstunde, die sie mit einer Kollegin in einer Klasse von 18- und 19-Jährigen leitete. Die Studentinnen zeigten ein Video, in dem Geschlechterstereotype umgedreht werden; die Mädchen Fußball spielten und stark sein mussten, die Jungs Kleider und Nagellack trugen. Danach fragten sie die Klasse nach ihren Gedanken zum Film. Die Lehrerin schritt ein und erklärte die Stunde für beendet. In der Nachbesprechung erklärte sie, man könne die Schülerinnen und Schüler nicht mit so etwas wie Transgender überfordern. »Dabei ging es nicht einmal

> Als erstes müssen wir, Männer und Frauen gleichermaßen, nicht lernen, sondern verlernen.
>
> – Gloria Steinem

um Transgender. Sie hat Transgender und Genderstereotype verwechselt. Und dann sagte sie noch: Bei uns an der Schule spricht man über so etwas nicht.«

Eine junge Frau erzählte mir, der Aufklärungsunterricht in ihrer Klasse sei so verlaufen, dass ihre Lehrerin gesagt habe: »Ihr wisst alle, wie man googelt, da findet ihr die Begriffe, die ihr nicht versteht.« Beim Googeln einschlägiger Begriffe kommt man halt dann oft auf Seiten, die alles andere als tatsächlich aufklären. Ein Freund erzählte, er habe lange Komplexe gehabt, dass sein Penis zu klein sei, weil er eben nicht die Größe derer hatte, die er stets in Pornos sah. Eine 16-Jährige schrieb mir, Pornografie sei leider nichts, über das Mädchen offen reden würden und sie glaube, Jungs stünden auf »Aggressivität, Blowjobs und alles, was mit Frauen-Popos zu tun hat«; ein heterosexueller 15-Jähriger antwortete auf meine Frage, worauf er glaube, dass Frauen stehen: »Zärtlichkeit, Vorspiel, Romantik, Fesseln.«

Bevor wir überhaupt darüber nachdenken können, was uns gefallen könnte, bevor wir uns dem überhaupt annähern können, haben wir in Pornos bereits gesehen, was uns zu gefallen hat. In *Meat Market* schreibt Laurie Penny: »Ich kenne mindestens einen jungen Mann, der während seiner ersten sexuellen Erfahrung mit einer Frau erschrocken feststellen musste, dass auf das Gesicht seiner Partnerin zu ejakulieren nicht unbedingt das war, was von ihm gefordert oder erwartet wurde.«

Eine Frau Ende zwanzig erzählte mir einmal, dass es ihr nicht gefalle, wenn ein Mann genau das mache, weil sie es ekelhaft finde und weil es »höllisch schmerzt, wenn es ins Auge geht«. Seit zwei Jahren habe sie nun einen Freund, der »eigentlich so gut wie noch nie in mir gekommen ist, sondern immer nur ins Gesicht oder woanders hin. Nein, eigentlich immer nur ins Gesicht«. Dabei wisse sie nicht einmal, ob es ihm gefalle. »Er macht es und ich halte den Kopf hin, aber ich weiß nicht einmal, ob er es macht, weil er es will oder weil er glaubt, dass ich es will.« Eine andere erzählte, sie habe die fünfzehn Jahre, die sie nun Sex habe, währenddessen noch nie einen Orgasmus gehabt, täusche aber jedes Mal mindestens einen vor und niemand habe jemals gemerkt, dass er nicht echt war.

Niemand hat uns beigebracht, über so etwas zu sprechen. Überhaupt herauszufinden, was wir wollen – und genau so wichtig: was nicht. In meiner Twitter-Umfrage beantworteten knapp 700 Menschen die Frage, ob sie den oder dem Menschen, mit denen oder dem sie Sex haben, ihre Fantasien erzählen: 44 Prozent gaben an, sich nicht zu trauen.

Aber wie soll es auch möglich sein, dass wir auf einmal sexuell befreit sind, wo wir es doch auch sonst nirgendwo sind? Wenn wir in allen Lebensbereichen Schablonen dargeboten und auferlegt bekommen, wie können wir erwarten, dass wir gerade hier plötzlich ausbrechen?

Horst Stein sagt, wir können Pornografie auch als Chance sehen. Als Chance, wieder ins Gespräch zu kommen. Damit wir uns nicht drängen lassen in »Bedürfnisskripte, die von anderen geschrieben werden.« Derzeit setzen wir das in Pornografie Gesehene um, wie Rocco Siffredi sagte: wie Maschinen. Maschinen, denen Information eingespeist wurde, die sie nicht hinterfragen, sondern schlicht ausführen und dann Sex haben wie Getriebene. In anderen Lebensbereichen sind die Blaupausen heute so vielzählig, dass sie eigentlich nichtig sind. Wie möchte ich lieben, wie möchte ich mich kleiden, an wen und was möchte ich glauben, wie möchte ich leben, sind Fragen, deren Antworten nicht mehr klar sind. Die Entwürfe dazu wurden und werden immer wieder über- und somit neu entworfen. Die dogmatische Schablone der heterosexuellen männlichen Sexualität, die auf uns alle angewandt wird, scheint eine der letzten Bastionen starrer Konzepte zu sein, die umzuwerfen uns nur sehr langsam gelingt.

Wir alle schauen Pornos, aber wir geben es nicht zu. Pornos existieren in einem dunklen Parallel-universum. Wenn etwas so ins Dunkle, in den Untergrund, gezwungen wird, macht man es sehr viel einfacher, dass schlechte Dinge passieren.

– Cindy Gallop

7

SCHLACHT-FELD KÖRPER

Es gab eine einmal Zeit, da war Cellulite kein Problem. Aber wenn sich eine Industrie bewährt hat, dann die, die Frauen Mängel einredet, wo vorher keine waren, und gleichzeitig vorgibt, deren Lösung zu haben. Der Körper, und insbesondere der von Frauen, ist das Opfer kapitalistischer Vermarktung und damit einhergehend ein Schlachtfeld verschiedenster Interessengruppen, die allesamt ein Ziel verfolgen: vermeintliche Optimierung vermeintlich fehlerhafter Menschen. Schätzungen zufolge generiert die Schönheitsindustrie Weltweit einen Jahresumsatz von 445 Milliarden Dollar – dieser Markt brach auch während der letzten Weltwirtschaftskrise nicht zusammen, denn Konsumentinnen und Konsumenten greifen in Zeiten finanzieller Krisen zwar zu billigeren Produkten, hören aber nicht auf, sie zu kaufen.

Die Erfindung der Cellulite

Heute *muss* niemand mehr hässlich sein. Niemand *muss* mehr dick sein. Niemand *muss* mehr Cellulite haben oder eine schiefe Nase. Niemand *muss* mehr schlechte Haut haben, schmale Lippen, einen dicken Bauch, kurze Beine. Niemand *muss* mehr unter den Achseln schwitzen. Niemand *muss* mehr die angeborene Augenfarbe haben. Niemand *muss* mehr kleine Brüste haben, keine Brüste, große, schiefe, asymmetrische oder hängende. Das Maß aller Dinge ist dabei: Selbstkontrolle. Sie wurde laut der Sozialwissenschaftlerin Lisbeth Nadja Trallori von unserer Gesellschaft zum obersten aller Prinzipien erhoben. Laut Trallori werden Menschen als von Natur aus defekt und daher verbesserungswürdig angesehen. Es lässt sich immer etwas Neues zum Makel erklären, für dessen Verbesserung oder Entfernung Menschen schlussendlich Milliarden ausgeben. Alles lässt sich optimieren und perfektionieren, den Menschen muss nur aufgezeigt werden: Alles ist mangelhaft.

Um Makel teuer beseitigen zu können, muss es erst klar festgelegte Makel geben. Und gibt es nicht genug, werden neue geschaffen, Cellulite zum Beispiel.

Geht man nach Peter Paul Rubens, so hatte Venus, die römische Göttin der Schönheit, ziemliche Dellen an Oberschenkeln und Hintern. Doch damals war Cellulite ein so selbstverständlicher Teil des weiblichen Körpers (wie sie es ja auch tatsächlich ist: 80 bis 90 Prozent der Frauen haben sie), dass es nicht mal einen Begriff für sie gab. Was man da sah, war ein sekundäres Geschlechtsmerkmal – kein Schandmal.

Zur Epidemie wurde Cellulite schließlich erst in den 1930er-Jahren erklärt und beschränkte sich zu Beginn nur auf Frankreich. Ärztinnen und Ärzte entwickelten Heilmethoden, erklärten Cellulite gar zur Krankheit oder bezeichneten sie als Vergiftung, Magazine gaben Tipps, wie man sie »behandeln«, »bekämpfen«, »besiegen« könne und schufen ein kosmetisches Problem, das davor nie existiert hatte. Jahrzehnte später schaffte die Epidemie schließlich den Sprung über den Atlantik. »Cellulite, the new word for fat you couldn't lose before«, titelte die US-amerikanische *Vogue* 1968. »Die Erfindung der Cellulite« betitelte der *VICE*-Ableger für feministische Themen *Broadly* knapp fünfzig Jahre später ganz richtig einen Beitrag über die Erklärung dieses selbstverständlichen Merkmals zu einem Problem.

In einer selbstzerstörerischen Versessenheit beschäftigen wir uns heute damit, blättern durch Zeitschriften, auf deren Titelseiten berühmte Frauen zu sehen sind, die – wer hätte es ahnen können – auf schlechten und unbearbeiteten (zumindest nicht zu ihrem Vorteil bearbeiteten) Paparazzi-Fotos oft ganz anders aussehen, daneben Begriffe wie »Schenkel-Schande«, »Wabbel-Wellen« oder »Furchen-Fiasko« (Alle Neologismen: *Inside*). Sogar Magazine wie *Geo* titeln gutgemeint etwa: »Cellulite – unschön, aber harmlos«. Kosmetikfirmen verkaufen Kapseln, Cremes, Saugnäpfe; Werbevideos zeigen schmelzendes, vereistes, explodierendes Fettgewebe und strahlende Frauen mit plötzlich perfekter Haut. Firmen bieten zwielichtige Innovationen in der Behandlung an. (Ein kleiner Ausschnitt einer besonders grotesken Methode: »Unter einer lokalen Betäubung werden mit einer motorisierten Mikroklinge die fibrösen Septen in einer Tiefe von 6 oder 10 mm durchtrennt und gelöst. Sobald diese Cellulite verursachenden Fasern durchtrennt sind, kann sich die Haut wieder glätten und die Dellen verschwinden.«) Cellulite wird als »eines der meist verbreiteten Schönheitsprobleme« oder »lästiger Schönheitsmakel« bezeichnet, auf manchen Websites sogar noch heute unter der Kategorie »Krankheiten« gelistet.

Wir vergessen es oft, weil es so alltäglich ist: Selbstverständliche Teile unserer Körper werden immer wieder verteufelt, weil damit eine Menge Geld zu machen ist. Durch die plötzliche Verurteilung einer Veränderung des Bindegewebes wurde auf einmal 90 Prozent der Frauen gesagt, sie hätten ein Schönheitsproblem. Sehr vielen Menschen bringt das sehr viel Geld. Noch viel mehr Menschen leiden darunter. Und wir machen mit.

Zwanghafte Begehrbarkeit

Lisbeth N. Trallori erklärt es in ihrem Buch *Der Körper als Ware. Feministische Interventionen* so: Der Körper der Frau hat attraktiv zu sein, anziehend – für den Mann. Denn trotz sich verschiebender Machtverhältnisse liegt der

Großteil der Macht noch immer beim heterosexuellen Mann, der Frauen im Gegensatz zu anderen Männern über ihr Äußeres und die Begehrbarkeit dessen anerkennt (oder eben nicht).

Ein Körper ist nie nur Zellhaufen oder Werkzeug. Er ist nie neutral und wird nie als das gesehen. Ein Körper wird durch sein Begehren bewertet. So ist das Absprechen von Weiblichkeit und Begehren ein vernichtendes Urteil, durch das versucht wird, Frauen sämtliche Existenzberechtigung zu nehmen: schließlich erfüllen sie ihren Zweck so nicht oder nicht mehr. Weil sie älter werden, weil sie aufhören, ihre ergrauten Haare zu färben, weil sie ihre Haare kurz schneiden, schmale Hüften haben, weil sie durch Krebs ihre Brüste verloren haben. *Die Welt* schrieb etwa einmal, dass sich Angelina Jolie »das Ende ihrer weiblichen Aura« selbst beschert habe, »und zwar bewusster als bewusst: Sie ließ sich aus Angst vor Brustkrebs die Brüste amputieren. Dies war das Ende der Frau, die für ihre Lara-Croft-Brüste berühmt geworden war.« Eine Frau ist also so lange eine Frau, solange sie Brüste hat.

Dabei gilt es, die geforderte Attraktivität stets aufrechtzuerhalten oder besser: zu steigern. Der Soziologe Pierre Bourdieu beschrieb die Weiblichkeit einmal als »eine Form des Entgegenkommens gegenüber tatsächlichen oder mutmaßlichen männlichen Erwartungen, insbesondere hinsichtlich

Du musst nicht schön sein. Du schuldest es niemandem, schön zu sein. Schönheit ist nicht der Preis, den du zahlen musst, um »weiblich« sein zu dürfen.

– Erin McKean

der Vergrößerung des männlichen Egos.«

So lässt sich auch die gleichzeitige Abneigung des idealisierten weiblichen Körpers erklären. Sie werden ausgestellt, verkauft, glorifiziert – und sie werden versteckt und tabuisiert: Ihre entblößten Brüste bewerben Produkte, die mit nackten Brüsten, mit Frauen, mit Frauenkörpern nichts zu tun haben. Währenddessen schreiben stillende Mütter in Online-Foren, sie versteckten sich zum Stillen in öffentlichen Toiletten.

Lindy West beschrieb in *Shrill* ihre Erfahrungen mit Männern, die sich schämten, mit ihr zusammen zu sein und sie schön zu finden: »Mike war zuvor immer nur mit dünnen Frauen in ›offiziellen‹ Beziehungen gewesen, aber alle seine Freunde machten sich über ihn lustig dafür, ständig dicke Mädels abzuschleppen. Alle paar Monate betrank er sich und hielt meine Hand oder sagte mir, ich sei wunderschön.«

Blut

Ein Teil des weiblichen Körpers, der dem Schlachtfeld wohl am nächsten kommt, ist einer, der über Kulturen und Religionen hinweg als unrein und beschämend deklariert wurde – und wird: Blut. Genauer: Menstruation. Es ist nicht nur ein Thema, das Mädchen und Frauen hauptsächlich für und unter sich ausmachen müssen, viele von ihnen sprechen auch untereinander gar nicht darüber.

Denn Menstruation gilt in unserer Gesellschaft nicht als Geschenk. Die monatliche Blutung und oft das damit einhergehende Ertragen von Schmerzen zeugt nicht von einer gewissen Stärke und schöpferischen Kraft, vielmehr ist sie bei uns mit Ekel und Scham verbunden. Die ersten Jahre meiner Periode bat ich immer wieder meine Mutter, mir Binden zu kaufen. Sie tat es widerwillig, immer mit einem: »Schatz, irgendwann wirst du das selbst machen müssen.« Aber die Vorstellung, mich würde jemand dabei sehen – irgendjemand –, war so abschreckend, dass die Versuche jahrelang scheiterten. Ich stahl mich zum Regal, stellte mich so hin, als würde ich gar nicht vor den Binden und Tampons, sondern vor etwas anderem stehen, schielte dann so lange rüber, bis ich wusste, welche ich brauchte, um dann blitzschnell zuzugreifen, zur Kasse zu gehen, und sie schnell wieder unauffällig irgendwo abzulegen, weil an der Kasse ja jemand saß. Und vielleicht sogar noch jemand stand. Stehe ich heute an der Kasse, dann fühle ich mich mit Frauen verbunden: Du weißt genau, wie es mir geht. Und vor Männern bin ich tatsächlich stolz: Ich ertrage monatlich Schmerzen, die konntest du dir vielleicht annähernd vorstellen, als dir Tobi aus der 6b damals im Sportunterricht den Medizinball in die Magengrube gedonnert hat.

2017 veröffentlichte *erdbeerwoche*, die österreichische Plattform für das Thema Menstruation und nachhaltige Frauenhygiene, eine Studie, in der 1100 Jugendliche zwischen dreizehn und siebzehn zum Thema Menstruation befragt worden waren: 70 Prozent der Jungen fanden das Thema unwichtig und peinlich und somit gaben kaum überraschend auch sechs von zehn Mädchen an, eine negative Einstellung zu ihrer Menstruation zu haben. Mehr als die Hälfte der Jungen war überzeugt, Menstruation diene der Verhütung, jeder Dritte wusste gar nicht, was Menstruation überhaupt sei. Elf- bis sechzehnjährige Jungen gaben immer wieder an, Menstruation mit Selbstbefriedigung in Verbindung zu bringen.

Und wie so oft befeuert Werbung falsche Vorstellungen: strahlende Frauen, die sich wohlfühlen, schmerzfrei auf Betten oder durch Wiesen hüpfen und sich über Binden freuen, die es endlich auch in Tanga-Form gibt. Tampons und Binden, die blaue Flüssigkeit aufsaugen. Blaue Flüssigkeit.

Niemand soll mitbekommen, dass eine Frau ihre Tage hat, niemand soll in Werbung oder Öffentlichkeit damit belästigt werden. Es ist die gesellschaftstauglichere Form einer Verbannung in Hütten.

2015 löschte Instagram sogar ein Foto der Lyrikerin Rupi Kaur, das sie im Bett liegend mit einem Blutfleck auf der Hose zeigte. Das Foto habe nicht den Nutzungsrichtlinien entsprochen.

Willkommen im Leben einer Frau. Niemand hat gesagt, es würde Spaß machen.

– Frederika Ferková

Im selben Jahr sorgte eine Marathonläuferin in London für Aufsehen. Kiran Gandhi hatte sich dazu entschlossen, den Marathon ohne Tampon oder Binde zu laufen. Die Fotos des Blutflecks zwischen ihren Beinen gingen um die Welt. Gandhi erklärte sich in Interviews und schrieb im *Independent*: »Ich hatte eine Entscheidung für mein eigenes Wohlbefinden getroffen, darüber, wie ich die 42,2 Kilometer am besten meistern würde. Und trotzdem hat meine Entscheidung viele Leute schockiert, weil wir über diesen sehr natürlichen monatlichen Prozess nicht sprechen.« Menschen waren schockiert, schlicht und einfach, weil eine Frau menstruierte und es nicht versteckte. »Der Weg zu besseren Lösungen für Frauen wird gebremst, weil keiner darüber sprechen will«, schrieb Gandhi.

»Das Tabu ist so stark, dass die Fotos einer Frau, die den London Marathon 2015 ohne Tampon lief, mit Blut auf ihrer Laufausrüstung, in den Sozialen Medien nahezu universellen Ekel hervorriefen, obwohl wir es gewohnt sind, ganze Swimmingpools von vergossenem Blut in Horrorfilmen und Actionfilmen und auch in den Nachrichten zu sehen. Das Blut ist dasselbe – der einzige Unterschied ist, wo es herkommt«, schreibt Lindy West in *Shrill*. »Der Ekel bezieht sich auf natürliche Frauenkörper, nicht auf das Blut selbst.« Und angesichts dieser Widersinnigkeit kann Frauen ja nicht einmal verübelt werden, wenn sie so tun, als würden sie nicht menstruieren. Denn abseits jeden Ekels, den diese Tatsache in vielen auslöst: Anliegen werden kaum schneller versucht zu diskreditieren als durch die »Erklärung«, eine Frau habe die Periode.

Ein Wettlauf zwischen Igel und Hase

Die deutsche Literaturwissenschaftlerin Silvia Bovenschen verglich Ende der 1970er das Kulturschicksal der Frau mit dem Märchen über den Igel und den Hasen: Es sei »in der Geschichte vom Wettlauf zwischen Igel und Hasen abgebildet. Der Igel – der vorgegebene Entwurf – ist immer schon vor ihr da.« Bedingungslos versuchen wir uns dem vorgegebenen Bild anzunähern. Denn wo alles optimierbar ist, sind Makel nicht mehr entschuldbar. Wer in dieser Welt nicht dem Ideal entspricht, ist selbst schuld: Wer nicht schlank ist, macht nicht genug Sport. Wer depressiv ist, reißt sich nicht zusammen, wer arm ist, arbeitet nicht hart genug. Eine Frau, die nicht schön ist, investiert nicht ausreichend Zeit und Geld in ihre Schönheit. Ein mangelhaftes Wesen ist am Ende vor allem der, der zu schwach ist, das zu ändern: »Wenn alle Frauen auf der Welt morgen aufwachen, und sich wirklich gut und stark in ihren Körpern fühlen würden, würden die Wirtschaftssysteme dieser Welt über Nacht zusammenbrechen«, schreibt

Laurie Penny in *Meat Market*. Das weiß die Industrie zu verhindern:

Das frauenverachtende Magazin *Inside* (Geschäftsführerin eine Frau, Chefredakteurin ebenso) etwa titelt auf seinen Ausgaben »Wenn die DIÄT versagt!«, »Beulenpest und Schenkelschande!«, »Problemzonen Panik!«, »Verzweifelter Kampf um die Jugend!«, »SCHÖN GEHT ANDERS!« oder fragt: »WAS HAT SIE SO ENTSTELLT?«

110.000 Ausgaben werden davon monatlich gedruckt. Das Magazin *InTouch* (»Frauenzeitschrift«, wöchentliche Auflage von 127.448 Ausgaben alleine in Deutschland, Chefredakteur: ein Mann, Geschäftsleiter: zwei Männer) verspricht in so gut wie jeder Ausgabe, die eine wahre Lösung für Schönheits-»probleme« zu haben, nur um dann auf einem Cover Gesichter von operierten Stars zu zeigen, über denen Titel prangen wie: »Warum tut ihr euch das an?« Oder auf einer weiteren Ausgabe: »Jung, schön, essgestört! Krass! Wie die neue Magerclique jetzt Hollywood regiert ...« Auf jedes Abweichen ein Fingerzeig: Zu geschminkt, zu wenig geschminkt, zu dick, zu dünn, zu alt, zu operiert, zu faltig, zu viel Botox. Zu wenig weiblich, zu feminin, zu wenig biologische Frau. Das ist nicht logisch. Aber die Schönheitsindustrie appelliert nicht an unser logisches Denken.

Der Journalist Nils Pickert erklärt diese Magazine für (mit-)verantwortlich, »dass der weibliche Körper als Versuchs- und Schlachtfeld für eine milliardenschwere Industrie herhalten muss.« Frauenzeitschriften, die Geld mit dem Bedienen und Fördern weiblicher Selbstzerstörung machen, sind die größten Komplizinnen dieser Industrie. Wir urteilen und verurteilen, unterstützen diese Magazine finanziell – Frauen eklatant mehr als Männer –, klicken auf Artikel, in der Hoffnung, etwas zu sehen, das uns befriedigt, und Frauen wie Männer schreiben diese Artikel. Menschen verstecken sich in Büschen und steigen über Mauern, verdienen Geld damit, dass sie Fotos von Menschen machen, auf denen sie unattraktiv aussehen – normal aussehen.

In einer einzigen Ausgabe verfestigen sie durch Fotos wie diese die Annahme, dass es sich um einen Makel handelt und bieten zugleich Produkte zu dessen Lösung an. Ein Geschäft, das auf Selbsthass gründet und daher kein Interesse daran hat entgegenzuwirken.

Komplexe

In der Originalität von »Lösungen« genießt die Schönheitsindustrie unterdessen quasi Narrenfreiheit und verspricht, was nicht zu halten ist. Die Pharmazeutin Claudia Courts beschäftigt sich seit Jahren mit den Irrsinnigkeiten, mit denen die Industrie ihre Produkte verkauft. In einem Interview erklärte sie mir 2017: »Auf der Homepage von L'Oréal findet man etwa den ›Zell-Renaissance-Komplex‹. Es gibt

In einer Kultur, die auf weibliche Schlankheit fixiert ist, ist die wahre Obsession nicht weibliche Schönheit, sondern weiblicher Gehorsam. Diäten sind das wirksamste politische Sedativ in der Geschichte der Frauen; eine Bevölkerung, die im Stillen wahnsinnig gemacht wird, ist leicht lenkbar.

– Naomi Wolf

einen Grund dafür, dass die Erneuerungskapazität von Zellen begrenzt ist. Wird sie gesprengt, spricht man von Tumoren.«

Nivea verspricht unterdessen jugendliches Aussehen durch den Inhaltsstoff »Lumicinol«. »Lumicinol« ist ein Begriff, der von Nivea schlicht erfunden wurde. Auch der »Actyl-C-Komplex« von Maybelline ist ein Fantasiewort. Marken versprechen »ideale Zellanordnung« der Haut oder »gesundes Haar«. Nur gibt es wohl keine Creme der Welt, die Zellen anordnen kann – ideal oder nicht – und bei Haaren handelt es sich um Horn, also abgestorbene Zellen. Wie Fingernägel kann man es schneiden, ohne dabei Schmerzen zu empfinden: Horn ist tot. »Ebenso wenig, wie man einem Toten noch eine leckere Suppe mit Gemüse kochen muss, braucht man Vitamine und Seidenextrakte in Shampoos«, sagt Claudia Courts.

Aber zumindest klingt vieles davon verheißungsvoll, denn nahezu jedem Körper lässt sich etwas (vermeintlich) Abstoßendes andichten.

Nicht erweitern: zurückweisen

Auf der anderen Seite sind die, die sagen, wie sollen einfach alle »Makel« lieben lernen. Wenn wir Glück haben, finden wir einen Mann, der sagt, dass er uns so liebt, wie wir sind. Trotz allem. Sogar in Jogginghose, sogar ungeschminkt.

Doch Problem ist nicht, dass wir uns wegen vermeintlicher Makel nicht lieben. Das Problem ist vielmehr, dass wir sie überhaupt als solche anerkennen. Mit jedem »Liebe deine Fehler« verstärken wir dieses Gefühl, weil wir uns mit jeder dieser gut gemeinten Forderungen ein bisschen mehr einreden, dass es überhaupt Fehler sind, die wir da lieben lernen sollten.

In dieser Annahme fordert die Autorin Jessa Crispin, Schönheitsideale nicht auszuweiten oder zu verändern, sondern Kennzeichnungen – und Urteile – als Ganzes abzulehnen: »The only reasonable option, then, is to reject notions of beauty and ugliness altogether. Not to expand ideas of beauty, but to shut them down. To reject the labels. To reject the judgement.« Denn jetzt erklären wir oft selbst das Bild, das uns vorgelebt wird, als das, das wir selbst wollen: »Ich fühle mich einfach wohler mit rasierten Beinen« etwa. Fühlen wir uns tatsächlich nur wegen uns selbst wohler so? »Viele Mädchen sagen mir, dass sie sich nach der Haarentfernung sauberer fühlen, dass es eine persönliche Entscheidung sei. Allerdings frage ich mich, ob sie auch dann ihre Zeit damit verbringen würden, wenn sie alleine auf einer einsamen Insel wären«, sagte die Journalistin Peggy Orenstein einmal.

Es ist nicht meine Aufgabe, schön zu sein. ich bin nicht zu diesem Zweck auf der Welt. In meinem Leben geht es nicht darum, wie begehrenswert du mich findest.

– Warsan Shire

Aber wir haben nun einmal eine Welt geschaffen, in der es schneller geht, die Beine zu rasieren, als zu lernen, überhaupt rauszufinden, ob man sie sich eigentlich rasieren möchte. Eine Welt, in der eine Nasenoperation schneller vollbracht ist als der Prozess, die Nase lieben zu lernen, die einem als unschön eingeredet wird und ein völliges Zurückweisen dessen, was eine schöne Nase sein soll und was nicht, wie es Jessa Crispin fordert, erscheint völlig utopisch.

Daher herrscht Unverständnis, wenn sich Frauen schön finden, die in kein Idealbild passen, wenn sie Teile ihres Körpers mögen, obwohl er anders vermeintlich schöner wäre.

Einen Abend verbrachte ich einmal mit einer US-Amerikanerin und diesem Thema. Begonnen hatten wir zu sprechen, weil wir uns im Vorbeigehen gemustert, angelächelt, gegenseitig Komplimente gemacht – und sie beide von uns gewiesen hatten. Das Kompliment, das ich ihr gemacht hatte, hatte sie als ehrlich empfunden, sie war vollkommen meiner Meinung – auch sie liebe das an sich. Aber sie habe gelernt, nicht dieser Meinung sein zu dürfen. Frauen dürften sich nur dann schön finden, wenn sie von anderen schön gefunden würden. Und ich kannte das Gefühl. Als ich sechzehn war, nahm ich mehrere Kilo zu, es dauerte, bis eine Ärztin erkannte, dass es mit meiner Schilddrüse zu tun hatte. Wenn ich in den Spiegel sah, sah ich mich nicht mit meinen Augen an, sondern mit dem Blick meiner Freundinnen und Freunde, mit dem Blick Fremder auf der Straße. Sie müssten doch glauben, ich solle abnehmen. Dabei fand ich das gar nicht. Mich störte nicht, dass ich meine Hüftknochen nicht spürte, mich störte nicht, dass ich eine Falte am Bauch hatte, wo vorher keine war. Aber ich hatte das Gefühl, es sei falsch, dass mich das nicht störte.

Zehn Jahre später erinnerte mich die Amerikanerin wieder daran. Zu oft habe man ihr das Gefühl gegeben, sie habe nicht das Recht, sich schön zu fühlen. Aber sie selbst fände sich nun einmal schön, sagte sie. Das alles, das war nun einmal sie. Und man wolle es nicht glauben: Sie möge sich einfach. In einer Gesellschaft, die stets Perfektion anstrebt, ist Imperfektion eine Schande – bedeutet die Akzeptanz von Makeln Schwäche.

Gratulation für den »Mut zur Hässlichkeit«

Die Schauspielerin Adele Neuhauser etwa durfte sich im Laufe ihrer Karriere oft das »Kompliment« anhören, sie habe »Mut zur Hässlichkeit« oder wurde gefragt, ob es sie störe, dass man ihrem Gesicht ansehe, dass es etwas erlebt habe. »Und ich hab gesagt: Klar mag ich das, ich mag mein Gesicht, ich mag, dass man sieht, dass ich einen Weg gegangen bin. Mein Gesicht hat eine Geschichte«, sagt sie.

Es ist, als dürften sich Frauen nicht wohl in ihrem Körper fühlen, wenn sie nicht dem objektiven Idealbild entsprechen. Ein subjektives Schönheitsgefühl ist nicht akzeptiert. Wenn eine Frau Cellulite hat, geht es nicht darum, ob ihr das völlig egal ist und sie trotzdem mit einer kurzen Hose aus dem Haus geht. Es geht darum, wie sie sich das trauen kann und dass das eigentlich niemand sehen will. »Als Person des öffentlichen Lebens muss man so etwas aushalten«, sagt Adele Neuhauser, »aber dadurch, *wie* man es aushält, kann sich etwas ändern. Das kann dann gesellschaftsbildend sein.«

Über vermeintliche Makel – und unseren Umgang damit – zu sprechen, kann Einstellungen zum eigenen Körperbild ändern, wie es auch einst die geschafft haben, die uns die Makel überhaupt eingeredet haben. So wie Laurie Penny etwa über ihre Essstörung spricht oder Lindy West über ihr Übergewicht und ihre Menstruation, so zeigt, wie absurd es ist, wenn Leute sagen: »Was? Du bist doch nicht fett?«, als wäre es etwas Negatives, das es unbedingt abzulegen gelte. Dass in einem dicken Menschen kein dünner steckt, der nur wartet, befreit zu werden. Wie Lena Dunham über sowieso alles spricht. Denn daraus, dass denen, die man bewundert, auch eingeredet wird, mangelhaft zu sein, kann man zwei Schlüsse ziehen. Den, für den

Was ist Feminismus? Schlicht und einfach die Überzeugung, dass Frauen genauso frei wie Männer sein sollten, egal wie verrückt, dumm, verwirrt, schlecht gekleidet, dick, zurückgeblieben, faul und selbstgefällig sie auch sein mögen.

– Caitlin Moran

sich etwa frauenverachtende Medien entschieden haben: Die Oberschenkel von Kim Kardashian sind widerlich und deine sind es auch. Oder den, für den wir uns entscheiden sollten: Kim Kardashian hat Cellulite, womit eigentlich bewiesen wäre, dass quasi nichts dagegen hilft, und vielleicht ist das auch in Ordnung so. Denn sogar die, die vermeintlich vollkommen sind, die, die zeigen, dass es tatsächlich möglich sein kann, einem Ideal zu entsprechen, tun es schlicht und einfach nicht. »I wish I looked like Cindy Crawford«, soll Cindy Crawford einmal gesagt haben.

»Ich hab lange gebraucht, mit mir im Reinen zu sein«, sagt Adele Neuhauser. »Ich war früher sehr viel weniger selbstbewusst und meine Selbstkritik dadurch zerstörerisch. Ich dachte immer, wenn ich an diesem schmalen Grat entlanggehe, eher mit dem Drang zur Selbstzerstörung, dann ist es mehr Wert, was ich tue. Weil ich mehr riskiere. Aber das ist eine verführerische und falsche Einstellung.«

Frauen, die ihre Zeit mit Selbsthass verbringen, stellen keine große Gefahr für Machtstrukturen dar. Und vielleicht muss es nicht gleich das radikale und utopische Zurückweisen aller Schönheitsideale sein. Eine liebe Freundin, die wie kaum eine andere jeden Morgen aufsteht, um die Welt ein wenig besser zu machen, zog sich einmal für einige Zeit zurück, um auch einmal auf sich zu schauen. Sie zitierte dabei eine Freundin, die ihr etwas beigebracht habe: »A radical person needs radical selfcare.«

8

FEMINISTIN SAGT MAN DOCH

Die feministische Debatte ist eine Debatte über eine gerechte Gesellschaft für *alle* Geschlechter. Der queere spanische Philosoph Paul B. Preciado brachte es auf den Punkt: Über seine Kindheit in den 1970er-Jahren schrieb er: »Lange habe ich geglaubt, dass nur Leute wie ich wirklich in der Scheiße stecken. Heute weiß ich, dass die Scheiße uns alle betrifft.«

Alphamännchen

Mitte der 1980er-Jahre starben in Kenia einige der aggressivsten und dominantesten Alphamännchen einer Gruppe von Pavianen. Sie hatten Fleisch gegessen, das sie den anderen Männchen, Weibchen und Jungen verwehrt hatten, ohne zu wissen, dass es kontaminiert war. Fast 50 Prozent der erwachsenen Männchen starben, Überlebende der Gruppe waren untergebene Männchen, Weibchen und ihre Jungen – übrig blieben etwa doppelt so viele Weibchen wie Männchen. Die Gruppe war zu einer drastischen Veränderung gezwungen. Zwanzig Jahre später veröffentlichten die Biologin und Neuropsychologin Lisa Share und ihr Mann, der Neurowissenschaftler und Biologe Robert Sapolsky, eine Studie, in der sie zeigten, wie diese Veränderung aussah: Das Zusammenleben innerhalb der Gruppe hatte sich drastisch verändert. Anstatt neuer Alphamännchen oder gar -weibchen herrschten plötzlich aufgeweichte Hierarchien, Nähe, Zuneigung und gegenseitige Pflege, wo vorher Gewalt und Unterdrückung dominiert hatten – Gewalt gegen Männchen desselben oder niedrigeren Status', Gewalt gegen Weibchen. Rivalität fand nun nur noch zwischen Männchen desselben Ranges statt, und sie war weniger gewalttätig als vorher, die gegen Weibchen verschwand völlig. Männchen begannen sogar, sich um den Nachwuchs zu kümmern. Das Verhalten konnte auch zwanzig Jahre später noch beobachtet werden, denn neue Gruppenmitglieder passten sich der Lebensweise an. Der Studienautor erklärte die Nachhaltigkeit so: »Die Neuen, die sich ungut verhalten, lernen offensichtlich: ›so machen wir das hier nicht.‹«

Diese Begebenheit soll nicht veranschaulichen, dass nur die Auslöschung von Alphamännchen zu einer anderen Lebensweise führen kann. Nur würde es ganz gewiss nicht schaden, einige von ihnen öfter und bestimmter darauf hinzuweisen, dass »wir das hier nicht so machen«. Sapolsky und Share konnten zeigen, dass es nur einer Generation bedurfte, die die Dinge anders machte. Alle, die nachkamen, auch die, die von außen zur Gruppe hinzustießen, passten sich der neuen Lebensweise an. Das Problem sind nicht unbedingt die Alphamännchen. Das Problem ist, dass wir ihr Verhalten belohnen.

Wir müssen die Männer ins Boot holen. Aber vorher müssen wir definieren, wie das Boot ausschauen und wohin es fahren soll.

– Elfriede Hammerl

Wer eine finale Antwort darauf hat, wie diese Utopie schlussendlich konkret aussehen kann, soll alle Friedensnobelpreise der Vergangenheit und Zukunft bekommen und jede neu angefertigte Büste soll ihr Gesicht zeigen. Bis dahin können wir versuchen, uns der Utopie anzunähern. »Du musst so tun als wäre es möglich, die Welt radikal zu verändern. Und du musst es die ganze Zeit tun«, hat Angela Davis einmal geschrieben.

Dafür muss man sich die Menschen suchen, die stark sind, wenn man es nicht ist und muss selbst stark sein, wenn sie es nicht sind. Manchmal kann man auch einfach zusammen heulen. Vielleicht ist es egal, wie sie sich dabei nennen, viel wichtiger ist, was sie leben. »Wer von einer besseren Welt träumt, aber ansonsten untätig die Schnauze hält, verändert nichts«, sagt Sascha Lobo.

Turkmenische Hüte aus Ziegenfell

Mein Bruder hat mir gezeigt, wie bewundernswert ein Mensch sein kann, der aus der Rolle ausbricht, die ihm versucht wird, von der Gesellschaft vorgeschrieben zu werden. Dass es egal ist, was die Kinder in der Schule über turkmenische Hüten aus Ziegenfell denken, solange man sie selbst mag. Dass man Wege gehen und Dinge mögen kann, die nicht viele gehen oder mögen. Dass es egal ist, ob man sich blamiert, wenn man dafür einem Menschen hilft. Dass man Verantwortung nicht abschiebt, wenn man selbst helfen kann. Dass man hilft, auch wenn man Angst hat. Auf YouTube schrieb ein User einmal: »Männlichkeit muss sich damit überschneiden, ein guter Mensch zu sein.«

Beschissenes Verhalten kann nicht schlicht dadurch legitimiert werden, dass es männliches Verhalten ist. Wärme, Großherzigkeit, Wohlwollen sind nicht abzulehnen, weil vermeintlich weiblich. Jetzt vermitteln wir Menschen – Männern wie Frauen – »männliches« Verhalten, aggressives Verhalten, sei der Schlüssel zum (kurzsichtigen) Ziel: dem Erlangen von Machtpositionen. Dieses Verhalten propagiert die Ablehnung von allem, das als weiblich gesehen wird. Die, die Rücksicht nehmen, die, die sich menschlich verhalten, bleiben in dieser Welt oft auf der Strecke.

»Ich denke, es ist Zeit, daran zu erinnern: Die Vision des Feminismus ist nicht eine ›weibliche Zukunft‹. Es ist eine menschliche Zukunft«, hat Österreichs erste Frauenministerin Johanna Dohnal einmal gesagt. In der »Stunde der Antagonisten« müssen wir für eine Gesellschaft kämpfen, in der Freiräume existieren und Umstände erlauben, dass wir eine solche Zukunft überhaupt anstreben können. Müssten wir nicht 40 oder mehr Stunden die Woche mit Lohnarbeit verbringen, wäre unsere Identität nicht das, was wir arbeiten und das, wie viel wir arbeiten, hätten wir mehr Zeit, uns um die Natur zu kümmern – überhaupt zu sehen, was wir ihr gerade alles antun – und hätten vor allem auch mehr Zeit, Freundlichkeit in die Welt zu bringen, sagt Frigga Haug.

»Feminismus verteilt keine Arschkarten«

»Feminismus verteilt keine Arschkarten und will keine bekommen. Feminismus erhebt sich vom Tisch, ruft empört, dass das ein abgekartetes Spiel ist, und verlangt ein neues Deck und bessere Regeln. Manchmal sogar ein neues Spiel«, schrieb Nils Pickert.

Bei diesem Spiel braucht es viele, denn niemand kann alle Diskussionen führen und alle Baustellen bearbeiten: Radikale und nicht Radikale; die, die auf Bühnen stehen und die, die im Stillen forschen. Die, die sagen: Feminismus ist cool und andere inspirieren, mitzumachen. Die, die sagen: Es ist mir vollkommen egal, ob Feminismus cool ist oder nicht. Die Utopistinnen und Utopisten, die Nüchternen, die sagen, dass alles schrecklich ist und sie es wenigstens ein bisschen besser machen wollen. Die, die sagen: Das alles ist viel größer, die kleinen Debatten lenken uns nur ab und die, die die kleinen Debatten führen. Die, die die Nerven haben, mit dem Nachbarn zu diskutie-

Zweifle nie daran, dass eine kleine Gruppe aufmerksamer, entschlossener Bürgerinnen und Bürger die Welt verändern kann. Tatsächlich sind das die einzigen, die das jemals getan haben.

– Margaret Mead

ren und die, die sagen, davon kann ich mich nicht aufhalten lassen. Die, die Gesetzesänderungen fordern und die, die das ganze System umschmeißen wollen. Die, die sich nicht einig sind.

Die Bewegung soll nicht nur offen sein für viele – sie ist angewiesen auf viele.

»Was es mir ermöglicht hat, jeden Tag aufzustehen und weiterzumachen, war die Tatsache, dass so viele andere Leute an der Sache beteiligt waren. Ich war nicht alleine«, antwortete Angela Davis Gloria Steinem in einer Diskussionsrunde 2016 auf die Frage, was ihr geholfen habe, all die Jahre des Kampfes durchzuhalten.

Nur eine einzige politische, wirtschaftlich oder religiöse Krise

In der *Süddeutschen Zeitung* gab die Mitstreiterin Simone de Beauvoirs, Claudine Monteil, 2017 in einem Interview eine Unterhaltung wieder, die sie mit ihrer Freundin 1974 geführt hatte, nachdem sie erreicht hatten, dass das französische Abtreibungsgesetz geändert wurde: »Ich war 24 Jahre alt, ich sprang auf dem Sessel herum und jubelte: ›Simone, Simone, wir haben gewonnen!‹ Simone war damals 66. ›Claudine, nein, wir haben nicht gewonnen‹, sagte sie. ›Es braucht nur eine politische, wirtschaftlich oder religiöse Krise, und all unsere Rechte sind wieder in Gefahr. Du wirst dein ganzes Leben darauf achtgeben müssen, Claudine.‹«

Wir konzentrieren uns in der Geschichtsschreibung zu oft auf die, die die letzten Meter erkämpft haben. Es gab die Kämpferinnen und Kämpfer für die Selbstbestimmung der Frau schon Jahrhunderte, bevor ihre Anliegen tatsächlich durchgesetzt wurden – wenn es denn überhaupt bisher passiert ist. Ihr Kampf war vonnöten, weil die, die nach ihnen kamen, darauf aufbauen konnten. In manchen Belangen sind wir die, die sich in den letzten Metern befinden, in anderen sind wir die, die Begonnenes weitertragen, in anderen sind wir die, die den Grundstein legen. Solidarität geht nicht nur über Ländergrenzen, über Geschlechter, über Klasse, über Herkunft hinaus. Bewunderung für die Kämpferinnen und Kämpfer der Vergangenheit und denen der Zukunft. Solidarität mit den Kämpferinnen und Kämpfern der Vergangenheit und denen der Zukunft. Auf dass alle dieselben Möglichkeiten haben, ein gutes Leben führen zu können. »Solidarität ist Macht.« Und Feministin sagt man doch.

»SOLIDARITÄT IST MACHT«

LITERATUR

Weshalb es toll ist, heute Frau zu sein

https://derstandard.at/2000067995059/30-Prozent-der-Frauen-in-der-EU-gehen-einer-Teilzeitbeschaeftigung

https://www.statistik.at/web_de/statistiken/menschen_und_gesellschaft/bevoelkerung/haushalte_familien_lebensformen/familien/index.html

https://www.destatis.de/DE/Publikationen/Thematisch/Bevoelkerung/HaushalteMikrozensus/AlleinerziehendeTabellenband5122124179004.pdf?__blob=publicationFile

https://de.statista.com/statistik/daten/studie/328252/umfrage/frauen-in-fuehrungspositionen-in-oesterreich/

https://docs.google.com/spreadsheets/d/1iHwdzD7JowPiXx7Hep3Baly-A02GcnwSBlVmUhMTbNc/edit#gid=0

https://www.bmgf.gv.at/cms/home/attachments/5/8/6/CH1557/CMS1470998798481/ak_frauen_management_report_2017.pdf

https://www.guerrillagirls.com

http://genderatlas.at/articles/strassennamen.html

http://wien.orf.at/news/stories/2746269/

https://www.bmf.gv.at/services/publikationen/BMF-WP_1_2016_Geschlechterunterschied_Einkommen.pdf?5h6qz0 / http://genderatlas.at/articles/qualifizierte.html

Vorwort: Feministin sagt man nicht

VALIE EXPORT, »Women's Art: A Manifesto«. In: Kristine Stiles & Peter Selz, »Theories and Documents of Contemporary Art: A Sourcebook of Artists' Writings«. Berkeley, Los Angeles, London: University of California 2012

Tom Schaffer, »Warum wir von einer besseren Welt träumen könnten (und sollten)«. 21.03.2018, **kurier.at**, http://kurier.at/wirtschaft/rutger-bregman-warum-wir-von-einer-besseren-welt-traeumen-koennten-und-sollten/400007823*

Christina Thürmer-Rohr, »Vagabundinnen«. Frankfurt am Main: Fischer 1999

Nayyirah Waheed, »Nejma«. CreateSpace Independent Publishing Platform 2014

Wolfgang Storz, »Frigga Haug: ›Wir brauchen Zeit, um mehr Freundlichkeit in diese Welt zu bringen‹«. 12.09.2013, **woz.ch**, http://www.woz.ch/-4488

Judith Butler, »Das Unbehagen der Geschlechter«. Berlin: Suhrkamp 1991

Evelyn Finger, »Ach was, ich habe ein dickes Fell!«. 24.10.2008, **zeit.de**, http://www.zeit.de/2008/44/Saramago

Den eigenen Platz finden

Laurie Penny, »Bitch Doctrine. Essays for dissenting adults«. New York: Bloomsbury USA 2017

Gillian Tett, »All-female panels: the new normal?« 12.12.2014, **ft.com**, http://www.ft.com/content/0bafc6ae-7ff6-11e4-adff-00144feabdc0

Ingrid Thurnher, »Die Frauenangelegenheit«. 29.03.2014, **diepresse.com**, http://diepresse.com/home/kultur/medien/1583766/Die-Frauenangelegenheit

Joyce Marlow, »Suffragettes: The Fight for Votes for Women«. Kindle Edition. London: Virago 2015

Das Patriarchat, das sind wir

Studie zu Eigen- und Fremdgruppen vergleiche etwa: Marilynn B. Brewer, »The Psychology of Prejudice: Ingroup Love and Outgroup Hate?« 17.12.2002. In: Journal of Social Issues 55/3

Eugenia Piza Lopez & Dyan Mazurana, »Gender Mainstreaming in Peace Support Operations: Moving Beyond Rhetoric to Practice«. 2002, **international-alert.org**, http://www.international-alert.org/sites/default/files/Gender_Mainstreaming_EN_2002.pdf

Enrico Bisogno et al., »Gobal Study on Homicide«. 2013, **undoc.org**, http://www.unodc.org/documents/data-and-analysis/statistics/GSH2013/2014_GLOBAL_HOMICIDE_BOOK_web.pdf

Frigga Haug, »Frauen – Opfer oder Täter?« In: Ilse Lenz (Hrsg.) »Die Neue Frauenbewegung in Deutschland: Abschied vom kleinen Unterschied«. Wiesbaden: Verlag für Sozialwissenschaften 2009

Christina Thürmer-Rohr, »Vagabundinnen«. Frankfurt am Main: Fischer 1999

Franziska Schutzbach, »Wer von Männlichkeit nicht reden will, soll auch zum Faschismus schweigen«. 22.09.2017, **franziskaschutzbach.wordpress.com**, http://franziskaschutzbach.wordpress.com/2017/08/15/wer-von-maennlichkeit-nicht-reden-will-soll-auch-zum-faschismus-schweigen/

René Scheu, »Peter Sloterdijk: ›Die Sitten verwildern, die Gerechtigkeit ist obdachlos‹«. 30.3.2018, **nzz.ch**, http://www.nzz.ch/feuilleton/wir-erleben-ein-grosses-gleiten-ld.1370201

John Stuart Mill, Harriet Taylor Mill & Helen Taylor, »Die Hörigkeit der Frau«. Sulzbach: Ulrike Helmer 1997

Birgit Meyer, »Ist das Projekt der Frauensolidarität gescheitert?« In: Ilse Modelmog, Ulrike Gräßel (Hrsg.), »Konkurrenz & Kooperation: Frauen im Zwiespalt?« Münster: LIT 1995

Wolfgang Storz, »Frigga Haug: ›Wir brauchen Zeit, um mehr Freundlichkeit in diese Welt zu bringen‹«. 12.09.2013, **woz.ch**, http://www.woz.ch/-4488

Brigitte Kompatscher, »Feminismus ist eine Überlebensstrategie«. 21.05.2017, **neue.at**, http://www.neue.at/vorarlberg/2017/05/20/feminismus-ist-eine-ueberlebensstrategie.neue

William P. Martin, »The Best Liberal Quotes Ever: Why the Left is Right«. Naperville: Sourcebooks 2004

John Scalzi, »Straight White Male: The Lowest Difficulty Setting There Is«. 15.05.2012, **whatever.scalzi.com**, http://whatever.scalzi.com/2012/05/15/straight-white-male-the-lowest-difficulty-setting-there-is/

Will Leitch, »How to Raise a Boy: I'm not sure what to think about what my dad tried to teach me. So what should I teach my sons?« 05.03.2018, **thecut.com**, http://www.thecut.com/2018/03/will-leitch-on-raising-sons-in-2018.html

Larry May, »Masculinity & Morality«. Ithaca: Cornell University Press 1998

Thomas Nagel, »What Is It Like to Be a Bat? Wie ist es, eine Fledermaus zu sein?« Stuttgart: Reclam 2016

Andreas Sentker, »Die Grenzen der Intuition«. 31.05.1996, **zeit.de**, http://www.zeit.de/1996/23/Die_Grenzen_der_Intuition

Joss Whedon, Rede im Rahmen der Veranstaltung »On the Road to Equality: Honoring Men on the Front Lines«, 15.05.2006, **youtube.com**, http://www.youtube.com/watch?v=cYaczoJMRhs

Hass

Kira Cochrane, »Nine inspiring lessons the suffragettes can teach feminists today«. 29.05.2013, **theguardian.com**, http://www.theguardian.com/world/2013/may/29/nine-lessons-suffragettes-feminists

Erich Fromm, »Haben oder Sein«. München: dtv 1998

Zitate von François Mauriac, Albert Camus & André Wormser zitiert aus: Ursula Pia Jauch, »Der Schock von 1949«. 05.01.2008, **nzz.ch**, http://www.nzz.ch/der_schock_von_1949-1.645041

Jens Bergmann & Bernhard Pörksen (Hrsg.): »Skandal! Die Macht der öffentlichen Empörung«. Köln: Halem 2009

Zitate von Jörg Haider und Wolf Martin zitiert in: »Jelinek-Handbuch«. Stuttgart: Metzler 2013

Eva Konzett & Levin Wotke, »Mannsbilder«. In: Datum, 4/2018

»Millennials and Women in Leadership«. 2016, **qualtrics.com**, http://www.qualtrics.com/millennials/ebooks/Women_In_Leadership_ebook_Annual_Millennial_Study20161014_EV.pdf

Friedrich Hacker, »Aggression: Die Brutalisierung der modernen Welt«. Wien, München, Zürich: Molden 1971

Sandra Konrad, »Das beherrschte Geschlecht: Warum sie will, was er will«. München: Piper 2018

Joyce Marlow, »Suffragettes: The Fight for Votes for Women«. Kindle Edition. London: Virago 2015

Will Leitch, »How to Raise a Boy: I'm not sure what to think about what my dad tried to teach me. So what should I teach my sons?« 05.03.2018, **thecut.com**, http://www.thecut.com/2018/03/will-leitch-on-raising-sons-in-2018.html

Amnesty International, »Online abuse of women thrives as Twitter fails to respect women's rights«. 21.03.3018, **amnestiy.org**, http://www.amnesty.org/en/latest/news/2018/03/toxic-twitter-online-abuse-and-violence-against-women/

Lindy West, »I've left Twitter. It is unusable for anyone but trolls, robots and dictators«. 03.01.2017, **theguardian.com**, http://www.theguardian.com/commentisfree/2017/jan/03/ive-left-twitter-unusable-anyone-but-trolls-robots-dictators-lindy-west

Lindy West, »Shrill: Notes from a Loud Woman«. New York: Hachette Books: 2016

Erika Thurner & Alexandra Weiss (Hrsg.), »Johanna Dohnal: Innensichten österreichischer Frauenpolitiken. Innsbrucker Vorlesungen.« Innsbruck: Studienverlag 2008

Ursula Kosser, »Hammelsprünge: Sex und Macht in der deutschen Politik«. Köln: DuMont 2012

Michaela Christ, »Gewaltforschung – Ein Überblick«. 20.01.2017, **bpd.de**, http://www.bpb.de/apuz/240907/gewaltforschung-ein-ueberblick?p=all

Macht und Gewalt

Celia Kitzinger & Hannah Frith, »Just say no? The use of conversation analysis in developing a feminist perspective on sexual refusal«. In: Discourse & Society, 10/3, 1999

Peggy Orenstein, »What Young Women Believe About Their Own Sexual Pleasure«. 10.2016, **ted.com**, http://www.ted.com/talks/peggy_orenstein_what_young_women_believe_about_their_own_sexual_pleasure

Paul P. Preciado, »Gegen das Ancien Régime der Sexualität«. 19.01.2018, **zeit.de**, http://www.zeit.de/kultur/2018-01/metoo-heterosexualitaet-maenner-frauen-macht-paul-preciado

o.A., »Mussten Schüler sterben, weil Shana kein Date wollte?« 20.05.2018, **bild.de**, http://www.bild.de/news/ausland/amoklauf/texas-amok-shana-55753786.bild.html

Robert Sapolsky, »Behave: The Biology of Humans at Our Best and Worst«. New York: Penguin 2017

Jordan Sargent, »Tell Us What You Know About Harvey Weinstein's ›Open Secret‹«. 14.02.2015 **gawker.com**, http://defamer.gawker.com/tell-us-what-you-know-about-harvey-weinsteins-open-sec-1695071092

Michael Jeannée, »Post von Jeannée«. In: Kronen Zeitung, am 03.11.2017

Richard Schmitt auf Twitter, 05.06.2018: http://twitter.com/RichardSchmitt2/status/1003953050573332480

Norbert Körzdörfer, »Wird Hollywood jetzt keusch?« 17.10.2017, **bild.de**, http://www.bild.de/unterhaltung/leute/harvey-weinstein/wird-hollywood-jetzt-keusch-53566202.bild.html

Julian Dörr, »Gewalt gegen Frauen ist Gewalt von Männern«. 26.12.2017, **sueddeutsche.de**, http://www.sueddeutsche.de/kultur/sexismus-und-sprache-gewalt-gegen-frauen-ist-gewalt-von-maennern-1.3714509

Studien zu den Folgen sexueller Belästigung vergleiche beispielsweise:
- Nicole Buchanan et al., »Unique and Joint Effects of Sexual and Racial Harassment on College Students' Well-Being«. In: Basic and Applied Social Psychology, 31/2009

- Candice A. Shannon, Kathleen M. Rospenda & Judith A. Richman, »Workplace Harassment Patterning, Gender, and Utilization of Professional Services: Findings From a US National Study«. In: Social Science & Medicine, 64/2007

- Charlotte Diehl, Jonas Rees & Gerd Bohner, »Die Sexismus-Debatte im Spiegel wissenschaftlicher Erkenntnisse«. 07.02.2014, **bpd.de**, http://www.bpb.de/apuz/178670/die-sexismus-debatte-im-spiegel-wissenschaftlicher-erkenntnisse?p=all

Ursula Müller et al., »Lebenssituation, Sicherheit und Gesundheit von Frauen in Deutschland. Eine repräsentative Untersuchung von Gewalt gegen Frauen in Deutschland im Auftrag des BMFSFJ«. **bmfsfj.de**, http://www.bmfsfj.de/blob/84328/0c83aab6e685eeddc01712109bcb02b0/langfassung-studie-frauen-teil-eins-data.pdf, Bielefeld 2004

Pornografie: Wie die Maschinen

Simone de Beauvoir, »Das andere Geschlecht: Sitte und Sexus der Frau«. Berlin: Rowohlt 2000

Ana J. Bridges et al., »Aggression and Sexual Behavior in Best-Selling Pornography Videos: A Content Analysis Update«. 26.10.2010, http://journals.sagepub.com/doi/abs/10.1177/1077801210382866

Friedrich Nietzsche, »Also sprach Zarathustra. Ein Buch für alle und keinen«. München: Wilhelm Goldmann 1999

Sara McClelland, »Intimate Justice: Sexual Satisfaction in Young Adults«. Dissertation an der University of New York: New York 2009 http://search.proquest.com/openview/4416df9ac9875abf7fc36f142f3afde4/1?pq-origsite=gscholar&cbl=18750&diss=y,

Catharine A. MacKinnon, »Feminism, Marxism, Method, and the State: An Agenda for Theory«. In: Signs: Journal of Women in Culture and Society 7/3, 1982

o.A., »Rocco Siffredi: ›In der heutigen Erotik-Branche sind die Leute wie Maschinen‹«. o.D., **playboy.de**, http://www.playboy.de/articles/interviews/rocco-siffredi-der-heutigen-erotik-branche-sind-die-leute-wie-maschinen

Volkmar Sigusch, »Neosexualitäten: Über den kulturellen Wandel von Liebe und Perversion«. Frankfurt am Main: Campus Verlag 2005

Peter Dittmar, »Die Geschichte der erotischen ›Sonnetti lussuriosi‹«. 27.04.2006, **welt.de**, http://www.welt.de/print-welt/article212978/Die-Geschichte-der-erotischen-Sonnetti-lussuriosi.html

Erika Lust, »Why we Need to Talk to Our Kids About: Porn«. In: Liga 02/2016

Melinda Tankard Reist & Abigail Bray (Hrsg.), »Big Porn Inc: Exposing the Harms of the Global Pornography Industry«. North Geelong: Spinifex 2012

Sandra Konrad, »Das beherrschte Geschlecht: Warum sie will, was er will«. München: Piper 2018

Mike Allen, Dave D'Alessio & Keri Brezgel: »A meta-analysis summarizing the effects of pornography II.« 1995. In: Human Communication Research 22/2

Paul J. Wright, Robert S. Tokunaga & Ashley Kraus, »A Meta-Analysis of Pornography Consumption and Actual Acts of Sexual Aggression in General Population Studies«. 2015. In: Journal of Communication 66/1, http://onlinelibrary.wiley.com/doi/abs/10.1111/jcom.12201

Thomas Muhr, »Probleme der Pornographieforschung«. Hamburg: Diplomica 2008

Isabelle Azoulay, »Phantastische Abgründe: Die Gewalt in der sexuellen Phantasie von Frauen«. Frankfurt am Main: Brandes & Apsel 1996

Nikki Hearts, Leigh Raven & Riley Nixon, »*TW* Porn Performers Leigh Raven & Riley Nixon share assault experience on set with »Just Dave«. 09.03.2018, **youtube.com**, http://www.youtube.com/watch?v=UfS48ts2xoY

Clay Skipper, »How to Watch Porn Ethically«. 20.10.2015, **gq.com**, http://www.gq.com/story/how-to-watch-porn-ethically

Marco Evers, »Erregung im Schattenbereich«. 07.04.2014, **spiegel.de**, http://www.spiegel.de/spiegel/print/d-126393834.html

Pornhub, »2017 Year in Review«. 09.01.2018, http://www.pornhub.com/insights/2017-year-in-review

Erika Lust, »How to be an ethical porn consumer in nine easy steps«. 20.11.2015, **independent.co.uk**, http://www.independent.co.uk/voices/your-definitive-guide-on-how-to-be-an-ethical-porn-consumer-a6741911.html

Kasey Edwards, »We need to change the way young women think about sex«. 22.01.2018, **stuff.co.nz**, http://www.stuff.co.nz/life-style/love-sex/100764417/We-need-to-change-the-way-young-women-think-about-sex

Laurie Penny, »Meat Market: Female Flesh Under Capitalism«. Winchester, Washington: zero books 2010

Schlachtfeld Körper

Lisbeth N. Trallori, »Der Körper als Ware Feministische Interventionen«. Wien, Berlin: Mandelbaum 2015

Kathrin Spoerr, »Das Traumpaar ›Brangelina‹ war verdächtig perfekt«. 20.09.2016, welt.de, http://www.welt.de/vermischtes/article158283083/Das-Traumpaar-Brangelina-war-verdaechtig-perfekt.html

Pierre Bourdieu, »Die männliche Herrschaft«. Berlin: Suhrkamp 2016

Laurène Daycard, »Die Erfindung der Cellulite«. 11.04.2016, broadly.vice.com, http://broadly.vice.com/de/article/785g89/die-erfindung-der-cellulite

Kiran Gandhi, »Here's why I ran the London Marathon on the first day of my period – and chose not to wear a tampon«. 14.08.2015, independent.co.uk, http://www.independent.co.uk/voices/comment/heres-why-i-ran-the-london-marathon-on-the-first-day-of-my-period-and-chose-not-to-wear-a-tampon-10455176.html

Silvia Bovenschen, »Die imaginierte Weiblichkeit. Exemplarische Untersuchungen zu kulturgeschichtlichen und literarischen Präsentationsformen des Weiblichen«. Berlin: Suhrkamp 1979

Julian Pickert, »Beulenpest und Schenkelschande«. 07.06.2017, pinkstinks.de, http://pinkstinks.de/beulenpest-und-schenkelschande

Hanna Herbst, »Seidenextrakt und Actyl-C-Komplex: Das Bullshit-Bingo der Kosmetikindustrie«. 17.02.2017, vice.com, http://www.vice.com/de_at/article/vvdam8/seidenextrakt-und-actyl-c-komplex-das-bullshit-bingo-der-kosmetikindustrie

Jessa Crispin, »Why I Am Not a Feminist: A Feminist Manifesto«. Brooklyn, London: Melville House 2017

Peggy Orenstein, »What Young Women Believe About Their Own Sexual Pleasure«. 28.10.2016, ted.com, http://www.ted.com/talks/peggy_orenstein_what_young_women_believe_about_their_own_sexual_pleasure

Leslie Goldman, »Locker Room Diaries: The Naked Truth About Women, Body Image, and Re-Imagining the ›Perfect‹ Body«. Boston: Da Capo 2007

Laurie Penny, »Bitch Doctrine. Essays for dissenting adults«. New York: Bloomsbury USA 2017

Feministin sagt man doch

Paul B. Preciado, »Testo Junkie. Sex, Drogen und Biopolitik in der Ära der Pharmapornographie«. Berlin: b_books 2016

Robert Sapolsky & Lisa Share, »A Pacific Culture among Wild Baboons: Its Emergence and Transmission«. 2004, PLOS Biology 2/4, http://doi.org/10.1371/journal.pbio.0020106

Sascha Lobo, »Gebrauchsanweisung für nervige Utopisten«. In: Liga 01/2017

Johanna Dohnal, Gastvortrag an der Technischen Universität Wien, 22.03.2004

Matthias Strolz, »Die neue Achse der Prinzipienlosen«. 15.06.2018, zeit.de, http://www.zeit.de/politik/ausland/2018-06/populismus-europa-sebastian-kurz-horst-seehofer-viktor-orban-nationalkonservative-achse

Wolfgang Storz, »Frigga Haug: ›Wir brauchen Zeit, um mehr Freundlichkeit in diese Welt zu bringen‹«. 12.09.2013, woz.ch,
http://www.woz.ch/-4488

Nils Pickert, »Warum Mann unbedingt Feministinnen daten sollte«. 25.09.2016, derstandard.at,
http://derstandard.at/2000044844125/Warum-Mann-unbedingt-Feministinnen-daten-sollte

Angela Davis im Rahmen der Verleihung des Sackler Center First Award, 02.06.2016

Elisabeth Gamperl & Pia Ratzesberger, »Männer übernehmen immer die Kontrolle«. 10.03.2017, sueddeutsche.de,
http://www.sueddeutsche.de/leben/claudine-monteil-ueber-feminismus-maenner-uebernehmen-immer-die-kontrolle-1.3411957

Laura Cwiertnia, »Ich auch? Ich auch!« 18.10.2017, zeit.de,
http://www.zeit.de/2017/43/metoo-sexismus-uebergriffe-konsequenzen

*Alle Links wurden zuletzt am 17. August 2018 aufgerufen.

BIOGRAFIE

Hanna Herbst

Hanna Herbst hat viele Fans – und Feinde: Der Boulevard ehrte sie schon als »beleidigte Blondine«, als »Hass-Hanna« und brachte sie als vermeintlichen Fan von Andreas Gabalier in Verruf. Im Netz nannte man sie »Zeitgeistknecht«, jemand attestierte ihr, Mitglied einer »ultraextremen Splitterausrichtung« zu sein, »die radikalen Harcore-Extremfeminismus propagiert«. Zuschreibungen, die jede Frau, die sich traut, öffentlich eine Meinung zu haben, oder sich gar mit Themen wie Feminismus und Rechtspopulismus auseinandersetzt, kennt.

Hanna Herbst ist Co-Chefredakteurin der *Liga*, dem Magazin der österreichischen Liga für Menschenrechte, und war bis vor kurzem als stellvertretende Chefredakteurin bei VICE Austria. Und selbstverständlich ist sie Autorin auf allen gängigen Social Media-Kanälen.

Dabei würde sie eigentlich lieber am Waldrand leben und Schafe züchten, aber leider hilft Rückzug nicht dabei, dass Frauen, Männer, alle dazwischen und außerhalb, endlich die gleichen Chancen in dieser menschenunwürdigen Welt bekommen. Also sitzt sie hinter ihrem Laptop in Wiener Kaffeehäusern und schreibt Texte, die vielen Menschen gefallen – und vielen anderen nicht. Und das ist auch gut so.

THANK YOU FOR READING

Liebe Leserin, lieber Leser!

Hat Ihnen dieses Buch gefallen? Wollen Sie weitere Informationen zum Thema? Möchten Sie mit der Autorin in Kontakt treten? Wir freuen uns auf Austausch und Anregung!

Bleiben wir in Verbindung.

1. Auflage

Design und Satz: Capitale Wien
Coverfoto: Ingo Pertramer
Lektorat: Ulli Steinwender
Korrektorat und Übersetzung Zitate: Julia Herrele

Druck und Bindung: FINIDR, s.r.o.,
Czech Republic
ISBN 978-3-7106-0194-1

Brandstätter Verlag
Wickenburggasse 26
1080 Wien
E-Mail: leserbrief@brandstaetterverlag.com
Tel: (0043) 5121543256

Feministin sagt man doch